넥스트 웹NEXT WEB

KB074447

모든 인간은 하나님의 형상을 닮은 존엄한 존재입니다. 전 세계의 모든 사람들은 인종, 민족, 피부색, 문화, 언어에 관계없이 존귀합니다. 예영커뮤니케이션은 이러한 정신에 근거해 모든 인간이 존귀한 삶을 사는 데 필요한 지식과 문화를 예수 그리스도의 사랑으로 보급함으로써 우리가 속한 사회에 기여하고자 합니다.

넥스트 웹NEXT WEB

펴낸 날·2010년 7월 5일 | **초판 1쇄 찍은 날**·2010년 6월 30일
지은이·빈센트 심 | **펴낸이**·김승태
등록번호·제2-1349호(1992. 3. 31) | **펴낸 곳**·예영커뮤니케이션
주소·(136-825) 서울시 성북구 성북1동 179-56 | **홈페이지** www.jeyoung.com
출판사업부·T. (02)766-8931 F. (02)766-8934 e-mail: edit1@jeyoung.com
출판유통사업부·T. (02)766-7912 F. (02)766-8934 e-mail: sales@jeyoung.com

copyright ⓒ 2010, 빈센트 심
ISBN 978-89-8350-591-0 (03000)

값 9,000원

넥스트 웹 NEXT WEB

by 빈센트 심

예영커뮤니케이션

프롤로그

웹은 거미줄 구조를 말한다. 그리고 현재 인터넷을 웹이라 부른다. '웹 사이트', '웹 페이지'와 같은 용어는 거미줄 구조로부터 출발한다. 그렇다면 과연, 지금 현재 인터넷은 거미줄 구조로 되어 있는가 반문하고 싶다. 답은 '아니다'다. 모든 인터넷의 웹 사이트, 웹 도메인 등은 거미줄 구조를 가지고 있지 않다.

현재의 웹은 거대하고 위험한 공동 놀이터로 변하고 있다. 그 공동 놀이터에 사람들은 입장한다. 서로 잘 알지 못하는 많은 사람들이 아이디와 패스워드를 넣고 공동 놀이터에 입장하는 것이다. 그런데 문제는 공동 놀이터가 통제

되지 못한다는 것에 있다. 누군지 모르는 사람들에게, 얼굴이 안 보이는 사람들에게 댓글로 욕설과 놀림을 당해도 아무런 대책이 없다. 즉, 현재의 웹은 얼굴을 가린 사람이 다른 사람의 머리를 때리고 가도 할 말이 없는 놀이터가 된 것이다. 패스워드를 도용해서 개인 정보를 훔쳐가도 아무 대책이 없다. 도둑을 맞아도, 폭력이 난무해도 그 누구도 말리는 사람이 없다.

결국 지금 인터넷은 상업적 도구로 전락하여 광고를 보는 거대한 놀이터가 되고 있다. 아마도 이런 문제의 원인은 지금의 인터넷이 거미줄 구조를 가지고 있지 않기 때문이다. 지금의 인터넷은 거미줄 구조가 아닌 스타 모양의 집중적 구조로 되어 있다.

많은 사람들이 인터넷을 하면서 웹 서핑을 한다고 한다. 인터넷의 기본 구조가 거미줄 구조가 아닌데도 웹이라고 하는 말을 습관적으로 붙인 것이다. 이것은 기초적인 인터넷의 구조 '웹'이란 것이 실상적으로 그 원래의 의미를 희석하고 있는 것이라 생각한다.

이 책은 정보의 홍수 시대에 과거, 현재 인터넷의 발전과 미래상을 조명하였다. 어떻게 웹이 진정한 의미적 구조인 거미줄로 발전되어야 하는가를 10년, 20년 후를 예상하면서 글을 썼다.

그렇다면 미래형 웹인 넥스트 웹(Next Web)이 어떤 성격을 가지고 발전되어야 하는가? 어떤 방향으로 흘러 가야 하는가? 필자는 이 책을 통해 몇 가지 원칙과 방향을 제시하였다.

우선 넥스트 웹은 기본적으로 거미줄 구조를 가지고 있어야 진정한 미래형 웹이 된다. 또 미래의 웹을 예상하려면 우선 지금의 인터넷의 문제와 기술에 대해 알아야 한다. 지금 인터넷은 수많은 상업화된 도메인이 허공의 별처럼 빛나고 있다. 포털과 검색 사이트는 그 별로 가는 우주 정거장을 만들어 놓고 콘텐츠를 생산하는 거대한 공장이 되었다. 그런데 이제는 고객들의 입장에서 볼 때 우주 정거장을 지나는 것이 불편하다. 따라서 그 혼자 떨어져 있는 별들이 이제는 서로 관계로 연결되어 고객들에게 접근해야 한다.

이런 흐름으로 인터넷은 고객의 시대가 되고 있다. WEB 1.0은 생산하는 주체가 인터넷 도메인을 소유한 주체이고, WEB 2.0은 콘텐츠를 생산, 소비하는 주체가 고객이 되는 구조로 변하고 있다. WEB 3.0은 도메인 영역이 파괴되고 모두 다 같이 의미적 관계형으로 연결되는 통합 구조이다.

미래의 웹인 넥스트 웹은 크게 두 가지 화두가 있다. 그것은 시맨틱 웹(Semantic Web)과 유비쿼터스 웹(Ubiqui-tous Web)이다. 이제 인터넷은 시대를 말하고 있다. 진정으로 시대가 나아가야 할 방향을 알려면 인터넷이 나아가야 할 방향을 밝혀야 한다.

시맨틱 웹이란 기계 즉 컴퓨터가 알아 듣는 웹이다. 모든 웹의 언어를 컴퓨터가 알아 듣고 자동으로 원하는 답을 말한다. 컴퓨터가 인공지능의 웹을 지원한다. 그런데 시맨틱 웹은 기존의 웹 구조로는 구현이 힘들다. 이것이 문제이다. 모든 웹 사이트들이 의미적 기반의 뜻을 알아 서로 통합되고 연결되어야 한다. 가장 최선으로 어떻게 이상적인 시맨틱 웹이 구현되는가를 예를 들어 설명하겠다.

김 대리는 아침에 일찍 제주도 출장 스케줄이 잡힌 것을 모르고 늦잠을 자서 이미 잡혀진 출장 스케줄을 지킬 수가 없었다. 그래서 개인 시맨틱 웹 에이전트에서 스케줄 조정을 지시하였다. 그러자 웹 에이전트는 김 대리의 지시를 받고 비행기표, 호텔, 관련된 미팅 일정을 재조정하는 이메일을 모두 보내고 관련 사항을 체크하라고 보고하였다. 관계형 웹 에이전트는 모든 사항을 체크하고 가장 좋은 날짜가 20일 정도가 될 것이라 보고하였다. 그리고 스케줄 재조정 날짜를 보고받은 김 대리는 개인 관계형 웹 에이전트에 "1월

20일 날 서울에서 제주로 출발하는 대한항공 항공권 구매"를 지시하였다. 김 대리의 웹 에이전트 사이트의 파라미터(Parameter)를 통해 날짜를 확인하고 검색을 수행할 때 관계형 웹 에이전트로 묶어진 전국 개인 택시 웹 사이트에서 제주도 택시 운전기사의 웹 사이트와 자동으로 연동되도록 했다. 그래서 제주도 공항에서 도착한 시간에 택시가 공항에 나올 수 있도록 예약하였다. 그리고 비행장으로 가는 시간에 택시를 항공권 예약과 동시에 하였다. 그리고 김 대리의 개인 관계형 웹 에이전트로 묶어진 친구들 웹 사이트에서 그 날짜에 친구들이 약속이 있는지 확인하였다. 약속이 있으면 자동으로 친구의 핸드폰에 연동된 메일(fone2mail)로 일정을 조정하는 메시지를 보낸다. 김 대리의 개인 웹 에이전트는 여행사 웹 사이트와 관계형으로 연결된 또 다른 제주도 호텔에 자신이 도착하는 정확한 시간에 방을 예약을 해 놓았다. 또 여기에 관계형으로 연결된 식당 웹 사이트에서 식당 예약을 미리 해 두도록 했다.

이와 같이 모든 웹이 지능형으로 묶여서 새로운 세상을 만들 수 있는 것이 시맨틱 웹이다. 그러나 이렇게 하려면 새로운 개념과 방향을 잡아야 한다. 이 책은 이것을 7S로 풀어서 방향을 제시할 것이다.

또 하나 미래를 나타내는 넥스트 웹에는 유비쿼터스 웹이 있다. 유비쿼터스 웹은 어디서든지 가능한 웹인데 그렇게 하려면 이동통신 단말기 구조를 가져야 한다. 미래에는 천억 개 이상의 단말기가 예견된다. 어떻게 이러한 단말기들이 연동되고 어떻게 생활화되는지를 설명하겠다. 마찬가지로 지금의 구조로는 감히 유비쿼터스 웹이 연동될 수 없다.

그런데 지금 유비쿼터스 웹은 시작되고 있다. 그것은 바로 스마트폰이다. 스마트폰은 이제 대세이고 사람들은 스마트폰에 열광하고 있다. 유비쿼터스의 미래는 스마트폰의 미래라고 할 수 있다. 그런데 이런 스마트폰의 미래는 유비쿼터스의 웹과 시맨틱 웹의 미래 방향과 함께 넥스트 웹으로 흘러가야 한다.

그러므로 필자는 넥스트 웹을 구현하기 위한 지금의 웹을 새롭게 바꿀 수 있는 몇 가지 원칙을 이야기하고 싶다. 즉 이것을 구현할 수 있는 새로운 원칙과 원리의 웹이 필요함을 강조하고 싶다. 그래야만 진정 사람들이 편리하게 인터넷을 쓸 수 있기 때문이다. 물론 앞에서 언급한 거대한 공동 놀이터로 변해 가는 인터넷 문제에 있어서는 개인이 보호를 받을 수 있는 안전장치의 개발이 필요하다. 그러면서 시맨틱 웹과 유비쿼터스 웹이 되어야 한다.

미래형 웹의 상업적 성공은 어쩌면 사람들의 바람만으로 되지 않을 수 있다. 작금의 세대는 치열한 경쟁 시대이다. 나라도 마찬가지다. 지금 미국은 미래 인터넷(Future Internet), 일명 FI를 개발하기 위해 무려 4억 달러라는 돈을 쏟아 붓고 있다.

인터넷 탄생이 1990년대부터라고 한다면 약 20년 동안 미국은 인터넷을 장악해 왔다. 그리고 넥스트 웹도 미국이 장악하려고 하고 있다. 또한 일본, 유럽, 중국도 이제는 넥스트 웹을 장악하기 위해 몇 억 달러 이상을 이 연구에 쏟아 붓고 있다. 그런데 한국은 어떤가? 고작 몇 십억 원을 2009년 예산에 반영하고 있다.

이제는 미래를 소프트웨어로 준비해야 한다. 하드웨어는 이미 중국과 여러 나라가 거대한 공장을 지어 좀 더 강력한 하드웨어 파워를 내세우고 있다. 따라서 우리나라가 잃어버린 미래를 만들지 않으려면 소프트웨어 파워, 즉 넥스트 웹을 만들어야 한다. 이제는 전 세계에서 소프트웨어 파워를 가진 나라가 성공할 것이다.

필자는 한국이라는 나라의 국민이다. 이 나라는 전 세계에서 인터넷 이용자율 1위, 2위를 달리고 있다. 그런데 면면

히 살펴 보면 하드웨어는 거의 외국에서 들어오고 있다. 이
제 겨우 국산화를 통해 네트워크 장비를 만들고 있지만 힘
에 부친다. 소프트웨어도 마찬가지다. 그 많은 컴퓨터가 외
국산에 의해 움직이고 있다. 어느 나라든 마찬가지다. 이제
미래는 소프트웨어 파워를 통해 새로운 패러다임을 개발해
야 한다. 결국 우리 후손에게 소프트웨어가 강한 나라를 세
우려면 차세대 인터넷 소프트웨어 플랫폼인 넥스트 웹을 만
들어야 한다.

이제 미래의 인터넷은 통계를 이용한 사람들의 행복 공
유라고 말할 수 있다. 지금 사람들은 경쟁 체제를 통하여 기
술 및 자기만의 노하우를 알리지 않고 자기 웹 사이트에 일
일이 입력하고 있다. 그런데 그보다 더 많은 정보가 인터넷
에 흘러 다니고 있다. 그러나 그 많은 정보들이 인터넷에 흘
러 다니지만 사람들은 그것이 패턴화되어 있다는 것을 모른
다. 어떤 사람들은 그 패턴화되어 있는 정보를 만들어 성공
으로 이끌고 그 기술로 행복의 치수를 만들어 간다.

이런 일련의 사례는 꽤 많이 알려져 있다. 우선 전문 감
별사들이 포도주를 감별하고 얼마나 오래 되었는가를 가지
고 가격을 매기는 사례를 보자. 미국의 어떤 교수는 이것
을 모두 다 공식화하여 강수량, 토지, 일조량을 계산하여

포도주의 등급을 매기는 공식을 발표하였는데 이것이 어느 정도 일리가 있어 많은 포도주 농장들이 이 공식을 따르고 있다.

지금은 포도주 감별사가 자기 입맛에 맞는 것을 일등급이라고 하지만 사실 그것은 각자 입맛의 취향에 따라 다르다. 그래서 그것을 감별하고 등급을 매기는 것은 단순히 그 사람의 기준에 맞추라는 것에 불과하다. 지금의 인터넷도 마찬가지이다. 유명한 포털 도메인 안에 맞추지 않으면 그 정보는 이제 상품의 값어치가 떨어진다. 그런데 실상 그 정보는 우리들에게 맞지 않다. 우리에게 맞지 않는 것이 점점 더 기준이 되어 가는 것이다. 이것은 참으로 무서운 결과를 초래한다.

미래의 인터넷은 이런 독과점의 포털이 지배하는 시대보다 좀 더 다양한 기준과 입맛을 알아 내야 한다. 그러기 위해서는 서로 다른 도메인에 정보가 공유되고 이것을 통해 거래가 일어나야 한다. 또 거래가 통계를 이끌어 내 사람들로 하여금 좀 더 다양성을 만들어 좀 더 많은 선택을 줘야 한다.

그런데 여기서 한 가지 중요한 것은 많은 선택의 순간에 사람들은 진리라는 기준을 바라보는 힘이 있어야 한다는 것이다. 어떤 사람들은 어느 사이트 게임에 하루 종일 중독 증세를 보이면서 먹고 자는 것을 잊어 버린다. 인간을 위해 태어난 인터넷이 인간을 망치고 있는 것이다. 예를 들어 게임 때문에 잠을 자지 못하고 호르몬 분비가 비정상으로 분비되어 우울증이 걸리는 학생들이 많다. 그리고 자살은 바로 이런 학생들이 쉽게 선택한다. 인간을 망치게 하는 것은 사탄이다. 사탄은 인터넷을 통해 인간을 지배하려 한다. 이것을 막아 내려면 성경적인 방법으로 인터넷을 봐야 한다.

이런 의미에서 성경적으로 인터넷의 의미를 고찰하고 싶다. 필자가 가지고 있는 또 다른 인터넷의 의미와 다음 세대를 위한 넥스트 웹을 사람들에게 알리고 싶어서 지면을 할애하였다. 사람들이 가지고 있는 인터넷의 진리가 어쩌면 잘못된 방향을 가고 있다는 것을 좀 더 확연하게 알리고 싶어서이다.

이 책을 통해 좀 더 많은 사람들이 이런 인터넷의 방향을 수정하고 웹의 진정한 네트워크 공유 형태를 가졌으면 한다. 하나님의 영적인 네트워크도 웹의 구조로 되어 있는데 이것은 관계를 중시한 진리를 보면 알 수 있다. 가난한 사람도 부자인 사람도 하나님과 웹의 구조로 연결되어 있다. 성령의 횡적 종적 구조를 연결하고 있어서 가난한 사람들의 아픔을 다른 부자들의 교만과 함께 융화되어 살게 하시는 것이다. 다른 사람들이 서로 관계에 의해 연결될 때, 하나님은 이것이 좀 더 많은 사람들에게 전달되기를 바라신다.

목차

NEXT WEB

1부 미래와 현재, 과거 인터넷

1. 미래 인터넷의 모습

1) 하늘이의 하루

하늘이는 샐러리맨이다. 그가 근무하는 사무실은 서울 명동 근처에 있다. 저녁 퇴근 시간에 명동 거리는 겨울바람에 살을 애는 추운 날씨였다. 포근하고 따뜻한 집이 생각났다.

하늘이의 개인 웹 사이트는 생일 파티 약속을 끝으로 일정 스케줄이 맞추어져 있었다. 퇴근 후 3 시간 정도 친구 생일 파티에 참석할 것이라고 웹 일정에 시간을 입력하였다. 하늘이의 웹 사이트와 관계형으로 연결된 홈 웹 사이트에서 보일러 작동 시간이 자동으로 집에 오는 시간에 맞추어졌다.

또한 생일파티 장소에 가기 위해 관계형 웹으로 연결된 자동차 웹에서 자동차 출발시간이 설정되었다. 스마트 블랙박스를 통해 시동이 걸렸다. 자동으로 하늘이의 차는 적정 온도가 맞추어졌다.

약속장소를 알아보기 위해 하늘이는 자기 개인 웹 에이전트와 관계형 웹으로 연결된 자동차 스마트 블랙박스의 동영상 정보를 검색하였다. 저번 주에 들렸던 해물 스파게티를 잘하는 이태리 음식점을 찾았다. 신촌 근처의 이태리 음식점에서 생일 파티가 이루어질 것이다. 하늘이가 예약 담당이었다. 그래서 하늘이는 갔던 위치와 거리를 스마트 네비게이션 블랙박스에서 검색하였다. 그 이태리 음식점은 본사와 프랜차이즈 지점들이 관계형 웹으로 연동이 되어 있었다. 음식점의 메뉴 정보는 본사에서 올리고 모든 지역 고객들 관리는 각각의 지역에 있는 프랜차이즈 지점들이 예약 관리하게 하고 있었다. 하늘이는 자동으로 연결되는 지점 웹 사이트에서 스마트폰의 3G를 통해 지점 메니저가 예약된 자리를 보여 주고 친구들이 앉을 수 있는지를 확인하였다. 그리고 저녁 약속 시간보다 조금 일찍 맞추어 차를 몰고 회사 주차장에서 나왔다.

친구 생일 선물을 사야 했다. 생일을 맞은 하늘이의 친구는 항상 수염을 제대로 깍지 않아서 하늘이는 그 친구에게 면도기를 사 주고 싶었다. 스마트 네비게이션 블랙박스에서 5만원에서 10만원대의 면도기를 파는 곳을 검색하였다. 스마트 네비게이션 블랙박스는 여러 곳을 지적했지만 가장 가까운 전자제품 대리점을 들렀다. 여기도 본사 웹 사이트와 연동된 전자 제품 웹 사이트가 있어서 모든 상품을 본사에서 관리하였다. 고객의 스마트폰에는 지점의 웹 사이트가 보여져 자동으로 면도기를 검색하였다. 그러자 그 지점에서 면도기 위치가 어디에 있는지를 보여 주었다. 면도기 상품정보를 스마트폰에서 확인하고 바로 구매를 하였다.

약속 시간에 늦지 않게 차를 몰고 이태리 음식점으로 향했다. 하늘이는 안전을 위해 자동차 운행정보 기록계를 달았다. 이것은 카메라와 자동차 전장장치와 연결된 블랙박스 기능으로 모든 차량 운행정보, 스피드, 브레이크와 관련된 모든 정보를 저장하게 하였다. 일주일 전에 갔던 길이 네비게이션에 지장이 되어 있어 저녁 약속 장소로 네비게이션이 안내를 하였다. 생일 파티는 즐거웠다. 면도기를 선물하자 친구는 고맙다고 기뻐하는 표정이었다.

저녁 약속이 끝난 후 같은 동네에 사는 형님 집 조카들을 위해 저녁 간식거리를 미리 주문하기로 하였다. 만 원에서 삼만 원대의 간단한 간식용 피자요리를 스마트 네비게이션 블랙박스에서 검색하였다. 집 주변에 있는 피자 음식점의 판매관리 시스템에 직접 동기적으로 정보 검색 조건을 걸었다. 여러 피자 음식 업체가 나왔고 그 중에서 집에 가는 길에 있는 이태리 피자에 주문을 하였다. 자동차의 네비게이션은 그 길로 안내했고 미리 주문한 음식은 자동차가 도착할 즈음에는 이미 나와 있었다.

하늘이는 피자를 들고 형님 집에 도착하였다. 반갑게 형님이 맞아 주었다. 물론 조카들은 생각지 않은 피자에 아주 좋아했다. 형님 식구와 하늘이는 간식으로 피자를 먹으면서 영화를 보기로 했다. 형님의 웹 에이전트와 연결된 관계형 IPTV(Internet Protocol Television) 업체 웹 사이트의 SF 영화가 자동으로 형님의 개인 웹 사이트에 다운로드가 되었다. 그리고 형님 개인 웹 사이트에 연결된 대형 3D TV 홈 극장에서 SF 영화를 보면서 피자를 먹었다.

늦은 밤에 하늘이는 집에 왔다. 그 다음날 아침, 하늘이는 느끼한 이태리 음식 때문인지 속이 안 좋았다. 어제 저녁에 간식까지 이태리 음식을 먹었더니 소화가 안 되었던 것이다.

하늘이는 스마트폰에 연결된 혈압기와 피 검사기에 연동하여 검사 정보를 관계형으로 연동된 담당 의사 웹 사이트에 연동하게 하였다. 그리고 무선 칩이 내장된 침대가 몸의 상태를 담당 의사 웹 사이트 에이전트로 전송하였다. 스마트폰 3G로 의사와 진료 통화를 하였다. 의사는 5분 정도만 있으면 처방전을 하늘이 동네에 있는 관계형 약국 웹 사이트에 연동한다고 하였다. 관련 소화제 처방을 근처의 관계형 약국 웹 사이트에서 받았다는 문자가 하늘이의 스마트폰에 전송되었다.

출근하는 길에 하늘이는 약국에 들려 약을 복용하였다. 불편한 속 때문에 우울한 기분이 들었다. 기분을 달래기 위해 스마트폰으로 아침 햇살을 찍어 음악 웹 사이트에서 검색을 보냈다. "아침햇살"이라는 음악이 네비게이션을 통해 자동차에 울려 퍼졌다.

2) 바다의 여행

바다는 중학교를 다니는 여학생이다. 어머니가 준비한 아침 식사를 마치고 공항으로 출발하였다. 뉴질랜드로 견학

여행을 간다. 뉴질랜드에 있는 자매 학교 초청으로 가는 것
이다. 자매 학교는 바다가 다니는 중학교와 공동으로 온라
인 수업을 하는 학교이다. 바다는 그 학교의 톰이라는 선생
님과 바다의 개인 웹 사이트 에이전트와 연동이 되어 매일
수업을 받아 왔다. 톰 선생님의 웹 사이트는 관련 학습을 정
기적으로 한국의 여러 중학교 학생들의 관계형 개인 웹 사
이트와 연동이 되어 시간이 되면 온라인 수업이 진행된다.

바다는 카메라로만 보던 톰 선생님을 직접 보게 된다. 영
어 과외를 안 받은 지 이미 오래다. 학교 수업시간에는 모두
컴퓨터와 노트북이 있어서 자기 웹 사이트 있는 해외 영어
수업 스케줄에 맞추어 수업을 한다. 수업 중에 영어로 서로
다른 학교의 웹 사이트와 관계형으로 연동이 되어 학생끼리
학교끼리 공동 수업을 하여 선생님과 대화를 한다. 이제는
학교를 넘어 지역을 넘어 나라를 넘어 서로 다른 학생들과
온라인 화상으로 관계형의 학교 웹 사이트와 학생의 웹 사
이트가 연동이 되어 수업을 하는 것이다.

뉴질랜드에 여행가기 전에 과학 숙제와 수학 숙제를 해
야 한다. 전국에 있는 700명의 공립중학교 과학 선생님의
웹 사이트와 동기적으로 연결된 중학 과학 블로그에 검색
을 했다. 다행히 자료가 있었다. 과학 문제에 과한 여러 과

학 선생님의 수업내용을 한눈에 볼 수가 있었다. 수학문제
는 같은 유형을 모아 놓은 전국 공립 중학교 학생들의 웹
사이트와 동기적으로 연결된 중학수학 위키피디아(Wiki-
pedia)에서 문제 유형의 다양한 해석과 풀이를 보고 숙제
를 마쳤다.

드디어 뉴질랜드로 비행기를 타고 간다. 아름다운 자연
환경이 너무나 아름다웠다. 부산에 있는 나래라는 친구도
뉴질랜드에서 만났다. 뉴질랜드에서 같이 수업을 받는 지미
라는 학생도 같이 만났다. 서로가 이미 개인화 웹 사이트
에 친구로 연동이 되어 모든 정보가 바다의 스마트폰에 연
결이 되어 있다.

물론 모든 일정이 바다의 스마트폰에 저장이 되어 있고
다른 친구의 스마트폰에도 동기화되어 일정을 굳이 알리지
않아도 서로 약속한 것처럼 그룹 미팅을 하였다.

바다는 미팅 자리에서 축구 이야기를 하였다. 모두다 관
심이 있었다. 바로 축구 클럽 웹 사이트를 관계형으로 만들
기로 하고 축구 클럽을 스마트폰에서 동기화시키자 바로 축
구 클럽 웹 사이트가 생성되었다. 이 사이트는 공개 정보를
확대하여 유명 축구 선수의 개인 웹 사이트와 그룹으로 관
계형을 연동하여 게임 일정과 근황을 볼 수 있게 하였다.

그리고 바다는 친구들과 스마트폰으로 뉴질랜드 여행지를 돌아다녔다. 안내자가 필요 없었다. 스마트폰에 있는 카메라로 각각의 여행지를 비치면 여행지에 대한 정보가 자동으로 한국말로 스마트폰에 안내되어 나왔다.

스마트폰에 연결된 바다의 개인 웹 사이트에 여행지에서 찍은 사진과 동영상을 올렸다. 관계형으로 연결된 엄마의 웹 사이트에서 바다의 사진과 동영상이 동시에 보였다. 물론 한국에 있는 바다의 친구 웹 사이트에서도 같이 보게 하였다.

바다는 한국에 오면 뉴질랜드 풍경을 배경으로 개인 웹 사이트를 다시 디자인하려고 한다. 많은 친구들이 여행지를 갔다 오면 개인 웹 사이트를 개편해서 자랑하곤 하였다. 어떤 친구는 개인 웹 사이트 디자인을 너무 잘해서 디자인 일도 맡았다고 한다. 바다는 개인 웹 사이트를 다시 디자인하여 친구들에게 자랑할 생각을 하니 너무 기뻤다.

3) 땅의 치료

땅은 은퇴한 노인이다. 땅은 부자이다. 땅이 소유한 빌딩이 두 개 정도다. 그 재산이 있어 자식들에게 힘을 빌리지 않고 비싼 은퇴 타운에 들어 왔다.

　각 빌딩은 땅의 개인 웹 사이트 에이전트와 관계가 연동이 되어 각각에 관련된 정보가 자동으로 보인다. 특히 입주한 회사의 웹 사이트와 관계형 웹 사이트로 연동이 되어 빌딩 입주자들의 요청을 자동으로 관리 사무실 웹 사이트로 받아 주고 있다. 다시 관리 사무실 웹 사이트는 땅의 웹 사이트 에이전트와 연동이 되어 있다. 특히 공과금이라든가 전기세 등을 관리비에 포함시키는 것에 대한 여러 가지 공지 사항을 바로 알려 줄 수 있어 매우 편리하였다.

　특히 재미 있는 사실은 빌딩 중에 한 곳이 자동차 중고 매매 센터인데 입주한 회사가 300개가 넘는다는 것이다. 각각의 입주한 회사의 웹 사이트에 입력한 중고차 매물 정보는 관계형 웹으로 서로 다른 중고차 판매 회사와 서로 다른 매매 단지 웹 사이트와 연동이 되어 있다. 그래서 손님들이 오면 스마트폰으로 모든 중고차 매물 정보를 자동으로 검색하여 준다고 하였다. 이러한 매물 정보는 각 지역의 구 단위 웹 사이트 몰에도 보이고 서울 지역 전체 몰에도 각 중고차 매물 인터넷 쇼핑몰에도 연동이 되어 온라인으로도 많은 주문을 받는다고 한다. 입주 회사들은 한 번의 자기 웹 사이트 입력으로 수많은 웹 사이트에 검색되고 광고가 되었다.

이 덕분에 입주한 300개 중고차 판매 회사들은 장사가 잘 되어 세를 밀리지 않고 잘 내고 있다.

그리고 땅은 고아원 웹 사이트와 관계형으로 연동이 되어 매월 정기적으로 10군데의 고아원에 돈을 보내고 있다. 땅은 어려운 어린 시절을 생각하며 또 장학재단을 만들어 학비가 없는 학생들 100명 정도를 매년 뽑아 지원을 해 주고 있다. 물론 모든 행정은 장학재단의 웹 사이트와 혜택받는 학생들의 웹 사이트에 연동이 되어 어렵고 힘든 부분들을 도와 주고 있다.

또한 은퇴 타운에는 의료 로봇이 있다. 땅은 당뇨병 환자다. 땅은 로봇을 끌고 다니면서 정기적으로 당을 체크한다. 의료 로봇의 팔에는 당을 체크하는 것이 있는데 힘들 경우에는 스마트폰에 연결하여 당 체크를 하는 의사한테 연결된다. 의사는 의사의 웹 사이트에 연결된 카메라로 땅을 보고 치료를 한다. 당의 성분에 대한 변화가 땅의 웹 사이트에 올라오면 의사는 댓글로 진료에 대한 내용을 적어 준다. 가끔 당 수치가 올라갈 경우에는 간호사가 방문하여 좀 더 세밀하게 당을 체크하고 약을 준다.

땅의 아들도 아버지 당뇨병에 대한 걱정 때문에 자신의 웹 사이트에 공유시키어 자신이 아버지의 당 수치를 가끔 체크한다. 그리고 임계 수치가 넘으면 자동으로 땅의 아들 웹 사이트에서 관련된 사람들의 웹 사이트에 당 수치를 입력시킨다. 치료보다는 관리가 중요한 당뇨를 여러 사람이 체크해 주는 것이다.

3주 전에는 땅이 넘어져서 골절상을 입었다. 그때는 손에 있는 구조 버튼을 누르자 아들의 웹 사이트와 병원 담당 의사의 웹 사이트에 연동이 되어 구조 요청이 자동으로 스마트폰에 표시되었다. 이를 스마트폰 문자로 받은 아들이 구급차를 불러 다행히 큰 상해는 입지 않았다. 마찬가지로 구조 요청도 많은 사람과 관계형 웹으로 다중으로 연동되어 땅은 많은 사람의 관리를 같이 받은 꼴이 되었다.

4) 구름의 요리

구름은 전업 주부이다. 남편의 웹 사이트에 있던 친구들과 술 약속 스케줄이 자동으로 구름의 웹 사이트에 연동이 되었다. 아침에 남편이 북어국을 먹을 수 있도록 조치가 필요하였다. 구름은 스마트폰 인터넷에 접속하여 구름 웹 에이전트 구매 리스트에 북어국 재료를 입력하였다. 구름 가족 식생활 패턴에 맞게 정기적으로 식단 재료 구매 리스트가 자동으로 구매되어 결제가 이루어지고 있었다. 경기도 이천 농협단위 조합의 웹 사이트와 관계형으로 연동이 되어 쌀이 떨어지는 시간을 구름의 웹 사이트에서 자동으로 통계를 내어 농약을 안 쓴 무공해 쌀을 주문하게 하였다. 그리고 결제 정보를 구름에 보고를 하고 있었다. 구름은 쌀이 떨어지는 것을 걱정하지 않았다.

그리고 냉장고에 있는 과일 칸 센서가 과일이 떨어지는 것을 감지하면 예산 사과를 자동으로 예산 사과 조합 웹 사이트와 연동시켜 주문하게 하였다. 강원도의 배추, 영광 굴비 등 산지에 있는 농민 생산자 단위 조합 웹 사이트에 관계형으로 연결되어 항상 신선한 음식 재료를 구매하였다. 당연히 가격은 저렴하였고 믿을 수 있는 농산물을 직접 구매하였고 또 현지에 있는 농민 생산자들은 조합 웹 사이트 때문에 출하를 걱정하지 않았다.

아들이 학교에서 돌아오는 시간을 아들의 웹 사이트에서 자동으로 연결된 학교 웹 사이트와 선생님 웹 사이트에서 알려 주었다. 간식을 준비해야 했다. 자동으로 연동된 아들의 스마트폰에 3G로 영상통화를 하였다. 엄마의 사랑스런 목소리로 아들에게 무엇이 먹고 싶냐고 묻자 아들은 방과 후에 친구들과 집에 같이 가도 되냐고 물었다. 당연히 괜

찮은데 친구들을 위한 요리를 무엇을 해 줄까 묻자 친구들이 떡볶이를 먹고 싶다고 하였다.

구름은 떡볶이를 준비해야 했다. 구름의 웹 사이트에서 떡볶이를 검색하였다. 그러자 관계형 웹으로 연결된 요리사 그룹의 웹 사이트에서 떡볶이 레시피가 자세하게 나왔다. 물론 떡볶이를 맛있게 하는 음식점 동영상 등 관련된 정보들이 가격대가 비교되어 나왔다.

구름은 오후 방과 후에 올 아들과 아들 친구들을 위해 맛있는 떡볶이를 만들었다. 구름은 떡볶이 사진을 찍어 관계형 웹 사이트에 올리고 돌아올 아들 친구들 웹 사이트에도 연동하여 스마트폰에 보이게 하였다. 그런데 아들 친구 엄마들의 웹 사이트에도 그 사진이 연동이 되어서 근처에 있는 이 엄마들이 음식 한 접시씩 구름 집으로 가져오는 것이 아닌가. 생각지 못한 파티가 저녁에 구름 집에서 열렸다. 떡볶이를 먹는 아들과 친구, 그 엄마들의 웃음을 보고 구름은 행복했다.

파티가 끝날 무렵, 늦은 저녁까지 술을 먹고 있는 남편에게 진화가 왔다. 남편은 자동차 영업사원이다. 남편은 자기가 올린 타이어에 관한 사진과 동영상 지능형 네트워크 블로그가 3000명의 스마트폰 추종자를 가지고 있다고 자랑

하였다. 오늘 그것 때문에 영업 부장이 술을 사준다고 한 것이다.

구름은 스마트폰으로 들어가 자기 웹 사이트와 멀티 관계형으로 있는 남편의 웹 사이트 블로그에 추종자들을 확인하였다. 정말 많은 사람들이 남편의 블로그를 보고 있었다.

구름은 남편에게 다시 전화를 걸어 수고했다고 격려하였다. 구름은 기쁜 마음으로 남편이 들어오면 속을 풀어 줄 꿀물과 내일 아침에 먹을 수 있도록 맛있는 북어국 요리를 준비하고 있었다.

이것은 미래의 웹을 예상한 시나리오이다. 위의 네 가지 내용은 미래의 인터넷(Future Internet)의 여러 가지 상황을 예상하여 만든 시나리오이다. 넥스트 웹은 이런 내용이 하나씩 실현되도록 만들어 가야 한다. 넥스트 웹은 관계를 중시하는 웹이 되어야 한다. 웹은 한 가지 인간들에게 도움이 되는 중요한 것이 있다. 그것은 인간 관계를 위한 촉매제 역할을 하는 것이다.

이제부터 과거와 현재의 인터넷 모습을 고찰하고 어떡하면 인터넷의 미래 방향을 이런 시나리오가 될 수 있도록 만드는지 고민하겠다. 또한 어떡하면 인간 관계에 대한 촉매제 역할을 웹이 할 수 있는지 고민하겠다. 그리고 넥스트 웹의 원칙을 통해 좀 더 가능성이 있고 실현성이 있는 원리를 설명하여 보겠다.

모든 것이 웹을 통하여 연결되고 모든 것이 통제되는 시대가 넥스트 웹이 표현하는 세대이다. 이 세대를 만들려면 지금 현재의 인터넷을 알아야 한다. 인터넷은 발전하고 진보된다. 시대가 발전하면서 두드러지게 발전하는 한 가지 경향은 좀 더 개인화·지능화된다는 것이다. 또한 웹의 영역이 없어진다는 것이다. 웹의 영역이 방송, 미디어, 출판, 쇼핑 등 산업 영역의 확대로 파괴되고 있다.

이런 미래 인터넷을 만들려면 인터넷의 시작과 현재 인터넷 산업의 특성, 문제를 알아야 한다. 그리고 거미줄이라고 하는 웹의 어원을 정확히 알아야 한다. 또한 디지털의 기본 개념도 알아야 한다. 이것이 넥스트 웹이 나아갈 진정한 방향이 되는 것이다.

2. 현재 인터넷의 모습

1) 이상한 거미

아주 옛날에 이상한 거미가 살았다. 그 거미는 거미줄이 특이하였다. 다른 형제 거미는 거미줄을 보통 촘촘하게 가로 세로로 만들었다. 파리, 거미 등이 도망가지 못하게 아주 촘촘하게 가로 세로로 만들었다.

그런데 이 거미는 세로로는 거미줄을 만들었지만 가로로는 거미줄을 만들지 않았다. 둥글게 가로로도 만들어야 하는데 이 거미는 세로로만 만드는 것에 집중하였던 것이다. 그러다 보니 나방, 파리, 모기 등이 거미줄에 걸리지 않게 되었다. 그리고는 다른 거미들에게 불평만 늘어 놓았다. 왜 이렇게 거미줄에 걸리는 것이 없는지 불만만 가지고 있었다. 이 거미는 자신이 거미줄을 잘못 만든 것을 알지 못했다.

그러던 어느 날 이 거미는 다른 형제 거미줄에서 파리를 훔쳐먹는 신세가 되고 말았다. 결국 그 이상한 거미는 다른 형제 거미줄에서 먹이를 훔쳐 먹다가 다른 형제 거미들에 의해 쫓겨나 굶어 죽고 말았다.

지금 이 세대의 웹은 이상한 거미줄과 같다. 모두다 어떤 곳에 집중을 하고 그곳에 열광을 하면서 그곳에 적힌 글 때문에 아파하고 심지어는 자살까지 생각한다. 그곳을 연결한 거미줄 때문에 한 곳만 통신하는 이상한 거미줄 때문에 사람들은 죽어 가는 것이다. 게임에 열중하고 다른 것에는 신경을 쓰지 못하는 그런 구조 때문에 사람들의 영혼은 말라 죽어 간다. 예를 들어 청소년과 일반인의 인터넷 중독 증세는 사회적으로 심각하다. 인터넷의 일방적인 관계 때문에 인터넷의 중독 자체를 사람들은 자각하지 못한다. 청소년들의 무분별한 가치관은 그들을 쉽게 인터넷 중독에 빠지게 한다. 청소년의 자살 문제는 인터넷 중독 증세부터 시작하는 경우가 많이 있다. 청소년들이 인터넷 중독에 빠지면 잠을 못 자고 수면이 부족하여 몸의 호르몬 분비에 이상이 생긴다. 그렇게 되면 신체적·정신적 방어망이 쉽게 무너져 우울증과 정신병에 걸리게 되고 결국 충격에 빠지면 자살하게 된다.

또한 포털 사이트에 자기의 정보가 노출되고 거기에 알지 못하는 사람에 의해 만들어진 댓글 때문에 자살까지 하는 연예인도 있다. 이 문제를 방치하면 현재와 미래 후세에 엄청난 문제와 재앙을 가져 올 것이다. 지금도 미국이나 유럽에서 인터넷 게임과 현실을 구분하지 못하여 학교에서 총기 사건이 심심치 않게 발생한다.

결국 이러한 문제의 원인은 인터넷의 근본적 구조가 잘못되었기 때문이다. 웹 사이트가 일방적 관계에 의해 정보를 제공하거나 정보를 받음으로 접속한 아이디에 의해 정보가 생성되거나 게임과 같이 몰입을 하는 것에 종속되어 중독이란 자각 증세를 느끼지 못하게 된다.

2) 디지털의 기본 개념 거미줄

이와 반대로 지금의 정보통신 기술은 서로가 통하는 촘촘한 거미줄을 만드는 것과 같다. 그리고 이러한 촘촘한 거미줄과 같은 섬세하고 다양한 통신을 위해 디지털 기술이

나온 것이다. 이러한 디지털 기술은 최대한 빠른 정보통신과 양방향의 관계를 만드는 것이 목적이다. 정보통신은 정보를 통신하는 것을 전공하는 학문이다. 필자는 아날로그의 개념에서 디지털의 개념을 들으면서 여러 가지 생각을 하였다.

과연 아날로그와 디지털의 개념은 어떤 차이가 있을까? 아날로그는 디지털보다 좋은 것일까?

디지털은 공유와 소통을 목적으로 만든 것이다. 즉, 좀 더 많은 사람들의 통신을 위해 디지털을 만든 것이다. 아날로그 통신은 소규모의 사람들만이 통신을 할 수 있다. 그러나 디지털 통신은 많은 사람이 소통하는 것을 목적으로 한다. 그러기 위해 정보들을 자르고 분할해서 시간 차이로 코드를 만들어 보내면 받는 쪽에서 코드에 따라 분할된 정보를 합쳐서 보이게 한다. 즉 디지털 통신은 많은 사람들이 양방향으로 공유하도록 분할한 것이다. 많은 사람들이 통신하도록 한정된 전송공간에 시간 차이를 둔 것이다. 이렇게 우리가 서로가 공유하고 통신하도록 만들어진 정보통신 기술을 인터넷은 한곳에 집중하게 만든다.

그러나 이것이 문제이다. 이러한 인터넷은 거대한 공동의 놀이터를 무절제한 형태로 만들어 가고 있기 때문이다.

아무리 새로운 개념이 나와도 출발점이 전혀 다른 방향으로 흐르면 다시 수정하기란 너무 힘들다. 따라서 공유와 소통의 문제를 웹에서 만들려면 새로운 패러다임이 필요하다. 현재 인터넷의 기술은 공유와 소통이 되어 있지만 그 위에서 돌아가는 정보는 한쪽으로 몰리는 기형적인 구조로 되어 있다.

그래서 기존의 웹 거미줄로 돌아가야 한다. 가로 세로가 서로 통하는 공유와 소통이 동시에 일어나는 거미줄 구조로 인터넷을 바꾸어야 한다. 즉, 7S를 기본으로 거미줄과 같이 촘촘한 네트워크를 만들어야 한다는 것을 의미한다. 그러므로 넥스트 웹은 양방향의 거미줄로 되어 있어야 한다. 이러한 웹 거미줄 구조는 일방적인 관계가 아니라 일반 사회 속에서 일어나는 것처럼 양방향의 관계에 의해 이루어지고 각각의 개인화 웹에 의해 시작되고 모든 정보를 보호하게 만든다.

또한 청소년이나 일반인들이 인터넷 중독 증세를 자각할 수 있게 한다. 그리고 청소년들의 개인 웹을 만들고 자랑을 하며 관계를 통해 창조력을 키울 수 있게 한다. 이렇게 되면 오프라인의 모임이나 학교도 똑같이 관계형 웹의 학습효과에 따라 많은 도움을 줄 수 있다. 예를 들어 선생님 웹과 관계형 웹으로 청소년들의 말 못할 고민을 해결해

줄 수 있는데 이는 더욱더 청소년의 인격 형성에 관계형 웹이 많은 부분 긍정적 영향을 주게 된다. 거기에 앞에서 언급한 스팸 메일, 저작권 문제를 동시에 해결하므로 결국 멀티 관계형 형태의 웹은 기존의 모든 인터넷의 문제를 해결하는 것이 된다.

따라서 넥스트 웹은 기존의 거미줄 구조로 만들어야 한다. 그러기 위해서는 앞에서 언급한 것처럼 새로운 패러다임이 필요하다.

길가에 있는 풀도 자연의 섭리 속에서 자란다. 누가 물을 주지 않아도 자연적으로 바람에 날리어 홀씨를 뿌리고 어느 다른 길 옆에 다시 씨를 심고 내년에 꽃을 피우기 위해 준비한다. 이것이 진리이다. 이렇게 자연이 주는 진리는 단순하다. 수백 명의 박사급 연구원이 어렵게 개발할 필요가 없다.

아침에 이슬을 먹은 거미줄을 보면 그 진리가 보인다. 하나님은 인간 사회를 이렇게 만들기를 위해 이러한 진리를 자연스럽게 보이셨다. 반짝 빛나는 햇살 먹은 거미줄을 보면서 사람들에게 인터넷의 미래를 말하고 계신다. 인터넷의 진리를 웹이라고 말하면서 스스로 중앙 집중적 구조로 만든 사회를 하나님은 수정하라 하신다.

사회가 진정으로 원하는 구조는 누구나 공유하고 소통할 수 있으며 언제 어디서든지 원하는 정보를 위해 관계를 진행할 수 있는 거미줄 구조이다.

그리고 이러한 것에 촉매 역할을 하는 것이 모바일 인터넷이다. 모바일 인터넷은 인터넷을 고정된 장소에서 앉아서 하기보다는 어디서든지 움직이면서 인터넷에 접속할 수 있게 한다. 또한 사람들의 교통, 문화 등 생활 반경이 커지면서 이제는 모바일의 인터넷 시대가 공유와 소통을 좀 더 강화시킨다. 거기에 스마트폰까지 개발되어 이제는 인터넷을 접속하는 수단이 목적으로 바뀌고 있다.

그렇다면 이제부터는 현재 이런 공유와 소통을 진행하는 대표적인 인터넷의 흐름에는 어떤 것이 있는지 알아보겠다.

3) 블로그 세대

사람들은 콘텐츠를 안고 사는 유일한 동물이다. 그렇다면 정보와 콘텐츠의 차이는 무엇일까? 정보는 연속성에 대한 것이 미약하지만 콘텐츠는 연속성에 대해 강한 특징을 갖고 있다. 여기서 연속성이라 함은 시간과 사람들의 주체가 흐름을 제어하는 것을 말한다. 흐름을 제어한다는 것은 정보를 다른 목적으로 포장하는 것이고 의미를 두고 평가를 하며 시간과 공간 연속성을 연결하는 것을 의미한다.

반면 정보는 연속성이 거의 없어서 생명의 주기가 없다. 그러나 콘텐츠는 생성과 연결, 소멸 등이 반복되면서 그 생명을 이어가는 것을 말한다. 예를 들어 정보를 가지고 사람들은 활용적인 측면만을 강조하여 시간과 공간의 흐름 속에서 가지는 변화를 적용하는 것이다.

그래서 탄생한 것이 블로그이다. 블로그는 콘텐츠의 흐름을 제어하는 측면에서 그 강조점을 갖는다. 사실 사람들의 글은 보여 주어야 하고 사람들의 평가를 받아야 한다. 그런데 이런 공감은 단지 단 방향 구조에서 무엇인가 새로운 욕구를 찾아내게 하였다. 그리고 그 중에 제일 공감이 가고 인기가 있는 것이 블로그이다. 블로그는 어떤 특정한 것을 포스트(Post)시켜 연속성을 가지게 하는 구조를 만든다. 그럼으로써 콘텐츠의 성격을 가지게 한다.

소위 '퍼온다'는 말은 꼬리를 가지는 또 하나의 콘텐츠를 가지는 객체가 지속되는 것을 의미한다. 이런 꼬리는 감성의 꼬리이며 자기를 주장하는 집합을 만든다. 이런 블로그는 원어상으로 WEB+LOG(웹 블로그)라는 단어에서 출발하여 블로그라는 명사로 변화되었다. 이 단어의 뜻을 보면 인터넷에 데이터를 입력하면서 흔적을 남기고 공유하고 싶은 사람들의 욕구가 함축적으로 들어가 있다. 무엇인가를 남겨 공유하고 소통하고자 하는 흔적이 바로 포스트이다.

4) 개인화 웹

모든 사람은 전체 일원에서 출발하여 각자 자기의 작은 세계를 찾아간다. 모든 시스템은 큰 부분에서 작은 부분으로 찾아가는 것에 익숙하게 만들어졌다. 마치 업무의 톱니바퀴처럼 작은 요소는 큰 조직의 일부분에 지나지 않은 것처럼 생각한다.

어느 아침 회사에 출근하는 직원의 하루를 보면 우선 큰 건물에 들어가서 자기 자리를 차지한다. 자기 자리는 그 큰 건물의 일부분, 즉 먼지 같이 작은 부분에 지나지 않는다. 문을 열고 부서로 들어가면 일하는 사람들이 있다. 거기에서도 그 직원은 그 부서의 하나의 작은 요소이다. 사람들은 일부분에서 또 작은 부분에 속한다. 그리고 컴퓨터를 키고 하루 일과를 시작한다. 자기의 개인 컴퓨터도 전체 컴퓨터에서 네트워크를 이루고 있는 작은 일부분에 지나지 않는다. 따라서 이러한 시스템에서는 관계가 중요하며 이런 것들이 공유와 소통으로 모여 전체가 이루어지는 것이다. 여기에서 어느 요소도 중요하지 않은 부분이 없다.

그런데 시스템의 작은 부품인 이 직원이 하는 일은 그 회사에서 중요한 일인데도 자기의 일보다는 부서가 우선이고 회사가 우선이어서 자기가 하는 일은 중요하지 않다고 생각한다. 이렇게 사람들은 개인적인 사고를 창조하여 전체의 색깔을 나타나는데 대부분 전체 색깔에 자기를 맞추고 있다.

이런 모든 것들은 현재 사회에 만연해 있다. 한 개인은 '나 하나쯤이야 무슨 상관이 있을까. 이 거대한 사회에 무슨 영향을 줄 수 있을까' 생각한다. 이처럼 사람들은 전체에서 출발해 자기 자신을 돌아본다. 현실은 자기가 중요하고 모든 바탕이 자기로부터 출발하여야 하는데 그렇지 못해 큰 조직에 작은 자아는 많은 상실감을 느낀다. 어찌 보면 당연한 일인 것이 사람들의 뇌에는 자기들이 하나의 작은 부속품에 지나지 않는다고 생각한다.

그러나 실상을 보자. 세상에서 개인의 존재는 과연 무엇을 의미하는가. 세상 사람들은 개인의 존재를 '존재하므로 존재한다'고 생각하기도 한다. 각자가 중요한 하나의 우주이다. 그 우주는 창조자가 만든 독특한 세계를 감상할 수 있게 창조자를 닮도록 만드시고 선택하셨다. 창조자께서는 또 다른 것을 창조하기 위해 우리를 만드신 것이다. 그 창조자 즉 하나님은 우리가 세상의 부속품이 되는 것을 바라지 않으신다. 어찌 보면 우스운 꼴이지만 우리가 부속품처럼 살 때 각 개인은 하나님이 자신을 만드신 의미를 모르는 것이다. 거울을 보면 내가 보이듯 하나님께서는 우리에게 거울을 내미시면서 서로 공유하며 소통하기를 바라신다. 창조자를 닮기를 바라신다. 그러기에 나의 우주를 만들어 보라고 하신다. 부속품처럼 구속되지 말고 자유를 느끼면서 돈에 노예가 되지 말고 새로운 일을 하면서 하나님이 주시는 꿈을 꾸고, 여행을 하면서 새로운 친구를 사귀고 가족을 이루어가기를 바라신다.

이런 의미에서 개인화 웹은 전체에서 상당히 중요성을 가지고 있다. 전체 웹은 개인화된 웹의 표현이다. 개인화 웹이 건강할 때 전체의 웹이 건강해진다. 즉 개인화 웹을 만들고 개인의 표현이 좀 더 자유로울 때 인터넷은 건강해지고 사회적으로 좀 더 발전하는 것이다.

그렇다면 앞으로는 이런 인터넷 그리고 스마트폰과 같은 모바일 인터넷의 성장성이 어느 정도인시 알아보겠다. 또한 인터넷을 바라보는 여러 가지 관점을 통해 어떤 경제적인, 기술적인 필요성이 있는지 알아보겠다.

3. 과거 인터넷의 모습

1) 인터넷의 탄생

인터넷은 수많은 문제를 발생시키면서 태어났다. 초기 인터넷은 연구소 간의 정보를 공유하기 위해 통신 수단으로 만들어졌다. 원래 인터넷은 군사적 목적으로 만들어졌으나 시간이 지나면서 차츰 일반적으로 두루 쓰이게 되었다. 그 당시 미국은 군사 시설 중 한군데만 서버 컴퓨터가 있으면 공격을 받을 시에 문제가 있었기 때문에 소련의 핵 공격에 대비하기 위해 여러 곳에 서버를 구축해서 연결해 놓았는데 이것이 오늘날 인터넷 망 구축의 기본이 되었다.

그 이후에도 인터넷은 많은 정보를 전달하는 네트워크 요소에 문제가 있어 정보를 전달하는 체계가 많은 위험 속에 있었다. 그래서 이러한 문제가 생길 때마다 수리하였는데 하나의 중요한 포인트가 작동이 제대로 안 되었을 때는 실로 정보를 보내는 사람의 입장이나 정보를 받는 사람의 입장에서는 많은 시간을 소비해야만 하였다.

그래서 한쪽 네트워크 요소가 고장이 나거나 작동이 안 되어도 다른 네트워크 포인트를 만들어 우회를 통해 원하는 수신자에게 보내게 하는 개념을 만들어서 통신 네트워크를 연결하자고 만든 것이 인터넷 초기 발전 개념이다. 그러다 보니 네트워크가 광범위해졌고 이로 인해 네트워크가 수많은 사람들이 정보를 올리고 사용하는 방식으로 바뀌게 된 것이다. 한쪽 경로에 문제가 생겼을 경우를 대비하여 다른 경로를 만들고 그리고 그 경로도 문제가 생겼을 경우 다른 경로를 만드는 것이 반복이 되어 수많은 네트워크가 만들어졌다.

어찌 보면 위험한 상황 속에서 안전한 네트워크를 만들자고 하였던 것이 이제는 그 네트워크 통신 방식, 즉 인터넷이 모든 사람에게 접근 사용이 가능하도록 만들어지게 된 것이다. 이런 부분에서 인터넷은 어떻게든 송신자와 수신자가 커뮤니케이션을 하게 만드는 것에 최고의 안정성을 둔 인간이 만들어 낸 또 하나의 기술 산물인 것이다. 실패를 예상하고 실패에 대한 대비를 하였기 때문에 성공한 것이 인터넷이다. 그러나 이것은 인간의 머리로 만든 것이 아니다.

창조주가 사람을 창조하는 창조 원리도 마찬가지이다. 하나님이 실패를 대비하여 사람을 구원하기 위해 만든 것이 주 예수 그리스도의 탄생이기 때문이다. 어쨌든 지금 인터넷은 네트워크의 구성요소들의 단절을 예상해서 다른 쪽으로도 연동이 가능하도록 고안된 것임을 알아야 한다. 그리고 이러한 정신은 결국 인터넷을 무한한 확장의 영역으로 만들었다. 그 누구도 예상치 못한 것은 인터넷의 성장속도였다. 이것이 퍼져 가는 진행되는 속도는 가히 폭발적이었다.

2) 인터넷 산업의 특성

미래학자 앨빈 토플러(Alvin Toffler)가 예상한 데로 인터넷은 분명히 '제3의 물결(The Third Wave)'이다. 이를 상징하는 일들이 산업 전반에 일어났고, 많은 기술과 문화 사건들이 10년 넘게 인터넷을 통해 발전하고 있다.

지금 이 순간도 인터넷은 역동적인 모습으로 발전하고

있다. 인터넷의 발전은 이제 모든 산업에서 영향력을 갖게 하며 정보 통신 시대를 이끄는 가장 큰 수단이 되고 있다.

인터넷은 이제 많은 대중의 힘에 이루어지며, WEB 2.0 의 개념으로 대중에 의한 소비자와 생산자 시대가 열렸다. 결국 인터넷은 참여 정신에 의한 공유와 소통으로 이루어지고 있다. 사람들이 공유하고 싶어하는 정보를 계속 만들어 내기 때문에 각각의 정보의 특성들은 소통되지 않으면 안 된다. 사람들 간에 공유하고자 하는 욕구가 커지면서 이런 정보는 홍수처럼 쏟아져 나오고 있다. 이렇게 인터넷의 특징은 세계를 소통과 공유의 정보 시대로 만들어 가고 있다. 모두가 공통적인 프로토콜에 의해 발전이 되기 때문에 새로운 인터넷의 개념이나, 기술이 개발되면 전 세계에 공유되고 소통되는 지식이 빠르게 확산이 된다. 그리고 지금까지 많은 프로토콜이 개발되었는데 이메일의 SMTP, 파일전송의 FTP 등 실로 헤아릴 수 없는 기술들이 개발되었다.

이러한 인터넷의 특징을 통해 이제는 모든 정보 시스템이 인터넷 환경의 데이터로 변환되어 기업, 공공기관, 개인, 상공인 등의 내부 시스템은 물론 외부 시스템도 인터넷 환경으로 변화되었다. 실제 모든 시스템에 들어가는 모든 그래픽 사용자 인터페이스도 인터넷 공유와 소통의 환경에 맞추어 개발되고 있다.

세상은 지난 10년보다 몇십 배나 더 빨리 변하고 있다. SNS 사회적 구조 네트워크 서비스인 트위터의 열풍은 블로그와 문자메시지를 결합한 서비스로 공유와 소통의 방식을 빠르고 더 직관적으로 만들었다. 또 스마트폰인 아이폰의 등장은 소통과 공유의 방식을 변화시키는 촉매제가 되고 있다.

스토리를 공유하고 검색하는 사이트들이 이제 대세를 이루고 있다. 과연 넥스트 웹은 어떤 방향으로 가야 할 것인가?

NEXT WEB

2부 넥스트 웹과 스마트폰의 방향

1. 스마트폰과 인터넷을 바라보는 관점

1) 모바일 인터넷과 스마트폰 산업의 성장성

이런 인터넷의 특성은 점차 세상을, 인터넷으로 연결되는 정보(온라인)와 인터넷으로 연결되지 않는 정보(오프라인)로 구별하게 만든다. 기업 내에서는 'e-비즈니스(e-Business)'라는 개념이 생기고 보편화됐다. 그리고 현재까지 수많은 온라인 기업인 닷컴 기업이 생기고 없어지는 것이 반복되었다. 그러나 최근의 모바일 인터넷 흐름은 온라인 산업의 성장이 오프라인 업체의 성장을 도와주는 방향으로 흘러 가고 있다. 오프라인뿐만 아니라 모바일 인터넷의 발전으로 이제는 개인들도 사업이 가능한 환경으로 변하고 있다.

이제는 모든 OS, 이동통신 단말기, 가전 제품, 게임기 등의 모든 정보통신 단말기들이 인터넷에 의해 운영되거나 이루어지므로 앞으로는 각각의 프로그램이나 OS 등에 영향을 받지 않는다. 결국 누구나 새로운 인터넷의, 새로운 개념의 기술을 활용하여 콘텐츠를 만들 수 있다. 앱스토어 (App store)가 그 한 예이다. 이제는 개인이 10억 원대의 총매출을 앱스토어에서 팔 수 있는 시대가 열렸다.

모바일 인터넷의 성장성을 보면 전 세계 모든 사람들이 기술의 진보를 바라고 있다는 것을 알 수 있다. 주도권을 가지고 기술의 진보를 이루는 나라나 개인, 기업이 등장할 때 이는 모든 사람들이 쓰는 인터넷 환경에 지대한 영향을 주게 된다. 그래서 모바일 인터넷은 계속 성장하고 발전하며 서로 주도권 싸움을 하기도 한다.

이것이 넥스트 웹의 성향이다. 이런 관점으로 볼 때 이젠 넥스트 웹은 모바일의 모든 기종을 아우르는 플랫폼을 만들어야 한다. 모든 것을 융화시키고 포괄적으로 만드는 플랫폼 기술이 넥스트 웹이 되어야 한다. 앞으로 생기는 모바일 인터넷의 기종을 포함하면서 기존의 인터넷을 재편성할 수 있는 플랫폼이 필요하다.

이것이 경제·사회·문화적인 트렌드 공유와 소통에 맞아야 하는 것이다. 기술적인 측면으로만 보는 넥스트 웹은 마치 독불장군처럼 보인다. 넥스트 웹은 경제와 사회 특히 문화적인 측면으로 수용되고 융화되어야 한다. 이런 측면에서 경제적인 면에서 경기 변동이 있을 때 넥스트 웹이 지녀야 될 플랫폼의 성격을 먼저 논해보겠다.

2) 인터넷을 바라보는 경제적인 면-경기 변동의 특성

인터넷 시장은 경기가 후퇴하더라도 활성화된다. 경기가 후퇴하면 모든 것이 가격 경쟁력 위주로 재편되어 시장이 살아나기 때문이다. 한 예로 불황의 시기에 인터넷 서점 시장의 증가와 팽창을 들 수 있다. 인터넷 시장은 경기 변동에 영향을 받지 않으므로 경기 변동에서 경제적으로 성장이 가능하다. 따라서 경기 변동이 심한 오프라인 비즈니스를 연결하여 보다 많은 사람들이 인터넷 온라인 시장에 참여하게 할 수 있는 넥스트 웹 플랫폼을 만들어야 한다.

수많은 오프라인 상점들이 넥스트 웹 플랫폼 기술을 써서 온라인 상점처럼 동시에 같이 운영할 수 있다면 모든 지역의 경제는 활성화되고 발전될 것이다. 그렇게 되면 각각의 지역에 있는 식당, 상점, 공공기관, 생활용품, 사업장, 지역 회사들이 새로운 넥스트 웹 플랫폼 기술을 통해 지역 온라인 정보를 만들어 낼 수가 있다. 그리고 오히려 경기가 후퇴하는 시점에도 지역 GDP 상승과 새로운 매출창출로 고용창출 효과를 만들 수 있어 경제적인 면에서 엄청난 효과를 갖게 된다. 넥스트 웹의 효과로 경기 변동을 타지 않아 경제는 안정되고 발전되는 것이다.

요즘 많은 사람들이 미국발 경제 위기로 힘들어 한다. 오프라인 산업의 한계는 바로 부침이 심한 것에 있다. 왜 그런 것일까?

바로 소통과 공유의 문제를 오프라인은 가지고 있기 때문이다. 미국에서 부동산 가격이 오를 것이라고 믿는 사람들에게 위험성을 알릴 수 있는 온라인 정보가 있었다면 어떻게 되었을까? 부동산 가격이 오를 것이라고 믿는 고객들이 소통과 공유를 좀 더 신중한 온라인 정보들과 하였더라면, 그래서 조금이라도 경계를 하였다면 사람들이 지금처럼 힘들어 하지 않을 것이다. 이렇듯 넥스트 웹은 공유와 소통의 문제를 안고 철저하게 사회 전반에 걸쳐서 이루어져야 한다.

3) 인터넷을 바라보는 경제적인 면- 창업 정신

한 나라의 경제가 발전했는지 아닌지를 알아보려면 그 나라 사람들에게 창업 정신이 있는지 없는지를 살펴보면 된다. 경제를 버티는 구심점도 이런 창업 정신을 가지고 새로운 가치관으로 직업을 창조하는 것에 있다. 특히 실패를 하더라도 다시 시작할 수 있는 창업자들을 대우하는 사회가 진정한 경제발전의 기회를 가질 수 있다. 그 이유는 실패가 주는 경험 때문에 성공할 수 있는 가능성이 커지게 되기 때문이다. 그런데 지금의 사회는 이런 기회를 주지 못하는 것 같다. 결국 사회는 사람들의 창업 정신을 줄어들게 하고 점점 더 고용불안을 야기시킨다.

창업 정신을 가지는 무한한 보고를 가진 사업거리가 바로 인터넷이다. 아이디어의 모든 것이 블루오션이 될 수 있는 기회의 땅이다. 이런 기회의 땅이 기존의 인터넷 체계 때문에 사막으로 변해 가고 있다. 필자는 너무나 안타까운 마음으로 넥스트 웹의 필요성을 이런 관점에서 바라보고 싶다.

우선 새로운 인터넷 비즈니스를 창업하거나 만들 때는 대규모의 자금이 필요하다. 그 이유는 우선 새로운 도메인을 일반인들에게 알리기 위해서 대규모의 마케팅과 광고가 필요하기 때문이다. 신문 및 TV 광고는 많은 자금이 필요하여 인터넷 사업을 하려면 자원조달이 꾸준하여야 한다. 또 거기에 따르는 고객 수를 감안하여 동시 접속자 수에 따라 대규모 서버를 증설하여야 한다. 그러므로 자금조달이 부족하면 쉽게 비즈니스를 할 수 없는 것이 현실이다. 거기에 수익을 발생하는 데도 장시간이 걸린다. 결국 창업 정신을 가지고 인터넷에 뛰어들어 보았자 인터넷 주소를 알려야 하는 기본적 구조 때문에 사업을 포기해야 하는 일이 많아진다. 그래서 점점 창업 정신은 없어지고 고용불안에 청년들은 매일 도서관에서 밤샘을 하는 것이다.

그러므로 넥스트 웹의 플랫폼은 사업하고자 하는 관련된 도메인을 알릴 필요가 없는 새로운 체계가 필요하다. 광고비가 필요 없는 인터넷의 체계가 필요하다. 누구나 아이디어를 가지면 사업에 참여할 수 있고 공유와 소통의 비즈니스를 할 수 있게 만들어야 한다.

넥스트 웹의 플랫폼은 생산자와 소비자가 구분되지 않고 참여되어야 한다. 지금처럼 대규모의 서버를 미리 만들어 놓고 e-비즈니스를 하는 것이 아니다. 넥스트 웹의 플랫폼은 기존의 온라인 사업자들과 모바일 디바이스나 인터넷에 관련된 플랫폼에 기존의 고객, 기업, 사업장, 지역 고객들에게 정보를 구분하여 합종 연횡으로 연합하는 커뮤니티를 만들면 된다. 오히려 각각 오프라인 정보를 온라인화시키는 호스팅 정보료를 받고 진행이 가능하다. 그러므로 넥스트 웹은 창업 정신을 가지는 모든 사람이 아이디어만 있으면 가능한 체계가 되어야 한다.

이렇듯 넥스트 웹은 기술적인 면을 보지 말고 자원조달의 경제적 특성을 살피어 근본적으로 인터넷 산업이 발전하도록 도와주어야 된다. 그래야만 기존의 인터넷 사업특성과는 많은 차이가 있게 되는 것이다.

4) 인터넷을 바라보는 기술적인 면- 인터넷의 문제점

위와 같이 경제적인 관점에서 인터넷의 기술적인 면을 보아야 한다. 이런 인터넷은 많은 기술적 문제를 안고 있다. 이런 하나하나의 문제점을 어떻게 하면 해결할 수 있을지 다루어 보겠다. 현재 인터넷의 기술 문제를 요약하자면 7가지로 나누어 볼 수 있다.

첫 번째는 기존의 검색엔진의 한계로 인텍스 위주의 검색엔진 결과가 너무 많고 관계없는 검색정보 때문에 많은 시간을 허비하면서 정보를 검색한다는 것이다. 고객은 이제 인터넷 검색 시간을 최소화하기를 원하며 보다 많은 인터넷 검색에 대한 정보가 좀 더 구체적으로 비교되어 한 번에 나오기를 원한다.

두 번째는 포털과 검색엔진의 포화상태로 인터넷 산업이 한계에 봉착하여 기존의 포털은 이제 성장의 한계를 가지고 있다. 따라서 보다 많은 정보를 만들어 낼 수 있는 체계가 필요하다.

세 번째는 산업 전반의 인터넷 도메인 부족현상으로 알기 쉬운 모든 도메인이 이미 선점이 되어 인터넷의 정보 산업에 막대한 피해를 가져 오고 있다. 따라서 인터넷 도메인을 통한 접근보다 새로운 패러다임으로 접근함으로써 인터넷 도메인의 선점을 무력화시키는 것이 필요하다.

네 번째는 신규창출의 인터넷 온라인 비즈니스의 기존 시장에 대한 불신이 널리 퍼져 있다. 따라서 오프라인 비즈니스에 참여시킴으로써 기존의 온라인 사업에 대한 불신을 일시에 해소시키고 온라인 인터넷 웹 시장을 좀 더 활성화시킬 필요가 있다.

다섯 번째 스팸 메일의 범람, 청소년들의 게임 중독으로 인터넷 병폐가 심각해지고 사람들의 창조성이 감소되며 개인 정보의 보호 문제나 지적 재산권의 문제를 가져온다. 또한 일방적인 인터넷의 콘텐츠에 따라 영향을 받는 인터넷 유저들로 인해 사회적인 문제가 발생하고 있다. 일방적인 댓글에 의해 자살을 하는 경우도 있다. 웹 사이트의 개인화에 의해 많은 인터넷 사용자들은 개인 정보를 평면적인 관계를 위해 입력한다. 그렇지만 단순한 평면 구조인 단일관계에 의해 사회적 미디어는 한계를 가지게 된다. 이러한 것은 결국 인간사회처럼 다중구조를 가진 새로운 인터넷 사회적 네트워크의 필요성을 증가시키고 더 많은 창조성을 가지는 인터넷 사회적 네트워크 서비스를 필요로 한다.

여섯 번째 기존의 정보 시스템과 인터넷의 동기적 융합 S/W 기술이 필요하고 정보 단말기를 통한 인터넷의 정보 연결 한계가 있으므로 간단한 모바일 유저 인터페이스(Mobile User Interfaces)가 필요하다.

일곱 번째는 인공지능형 웹을 구현해야 한다. 사람들은 지능형의 웹의 도움으로 생활을 하기 원한다. 이제 사람들은 수많은 정보홍수 속에서 선택할 수 있는 한계를 컴퓨터, 즉 인공 지능형의 웹의 도움을 받고 싶어한다.

지금까지 인터넷의 일곱 가시 기술적 문제를 살펴 보았는데, 위에서 언급한 한 문제 한 문제가 다 중요하다. 이러한 문제는 단순히 사회적 현상이 아닌 기술의 문제도 있다.

이런 모든 것이 총체적으로 연결되어 지금의 인터넷은 흘러가고 있다. 흐르는 물고를 다른 방향으로 정해야 한다. 사람을 생각하고 사람에게 도움이 되는 평등한 웹을 만들어야 한다. 이것이 넥스트 웹이 가야 할 방향이다. 그 방향으로 갈 때 7가지의 문제가 해결된다.

2. 넥스트 웹과 스마트폰의 방향

1) 통합의 시대에서 분산의 시대로

앞에서 언급한 이러한 기술적인 문제를 해결하면서 넥스트 웹이 가야 할 방향을 정해야 한다. 방향은 전략이지만 그 안에는 전술이 있어야 한다. 그것이 원칙이다. 원칙은 전술을 풀어 놓은 것이다. 그렇다면 전략과 전술은 어떤 방향과 원칙으로 만들어 가야 할지 이번 장에서 다루겠다.

지금의 시대는 통합에서 분산의 시대이다. 인터넷은 많은 흐름이 있지만 시대를 대변하고 있는 것을 알아야 한다. 옛날부터 통합을 이야기하던 사람들이 지방 분권을 이야기하고, 많은 사람들이 시스템 통합을 이야기하다가 분산 시스템을 이야기한다.

예를 들어 과거에는 사람들 사이에서 통용되고 공통된 하나의 힘이 작용했던 예술적 작품이 각광받았는데 이제는 개인적인 성향을 가진 분산적인 예술품들이 각광을 받고 있다. 이처럼 개인주의의 전형적인 형태가 지금 세상에 만연하고 있다.

인터넷과 컴퓨터도 마찬가지이다. 통합에서 분산의 시대는 하드웨어에서 먼저 시작되었다. 20년 전 개인용 PC를 만드는 마이크로소프트(Microsoft Corporation)라는 회사는 개인 퍼스널의 분산을 이야기하며 신화를 만들어 냈다. 마이크로소프트라는 회사의 이름도 말 그대로 분산을 생각할 수 있는 이름이다. 그때까지는 IBM이 서버를 만들어 클라이언트 서버 방식으로 통합을 외치면서 막강한 부를 축적하고 있었다. 그런데 분산을 외친 마이크로소프트의 빌 게이츠(Bill Gates) 사장은 전혀 다른 방향으로 나갔다. 즉, 하드웨어를 분산시키는 형태를 개인화에 집중하여 성공한 사례가 되었던 것이다.

그런데 인터넷, 즉 소프트웨어를 연결하는 새로운 네트워크의 개념은 지금까지 통합만을 외쳤다. 그것은 인터넷 세상을 호환과 범용의 가치 통합으로 연결하였다. 인터넷 포털, 검색 포털, 정보들은 통합되어 막강한 위력을 가지게 되었다. 그러나 이 통합으로 향해 가는 데 개인들과 소비자들은 힘이 없었다. 그래서 많은 문제가 일어났다. 심지어 이동통신사도 통합을 통해 고객들을 유치하고 지금까지 많은 힘을 가지게 되었다.

이런 통합은 문제가 있다. 지금의 도요타 자동차 사태는 이것을 증명하고 있다. 자동차가 대량 생산체계를 만들면서 도요타는 부품을 통합하는 일을 한 것이다. 각각의 성능과 재원은 각 자동차 모델과 특성에 맞게 분산되어야 하는데 부품을 통합시키면서 급 발진이라는 엄청난 문제를 발생시켰다. 사회 여기저기에 통합 때문에 만들어진 문제가 너무나 많다.

인터넷도 마찬가지로 통합을 통한 문제가 수도 없이 나타났다. 개인정보 유출, 악성 댓글, 스팸 메일, 인터넷 중독, 보이스 피싱 등 모두다 통합 때문에 발생한 문제이다. 지금 인터넷 산업구조가 독점으로 치닫고 있는 것은 더욱 큰 문제이다. 오프라인의 지배력보다 온라인의 지배력은 엄청나게 크다. 오프라인은 선택의 기회가 많아서 지배력을 펼치려고 해도 그 장소에 가지 않으면 된다. 그런데 온라인은 그렇지가 않다.

항상 연결되어야 있어야 하고 온라인 연결이 없으면 매출이 없고 굶게 되는 것이다. 그런 온라인이 포털과 대형 인터넷 쇼핑몰의 독점하에 들어가면서 강력한 지배력을 받으면 가히 상상하기 힘든 문제가 다음 세대에 발생할 것이다. 지금도 대형 쇼핑몰에 광고비를 내고 중소 인터넷 쇼핑몰 사장은 가져갈 돈이 없어 울며 겨자 먹기로 운영하는 회사가 많다. 그 업체는 온라인 매출이 전부여서 광고를 하지 않으면 매출이 줄어들고 회사가 망한다.

그래서 넥스트 웹은 온라인을 평등하게 만들어야 한다. 다행인지 불행인지 이런 통신사, 포털, 대형 온라인 쇼핑몰이 지배하던 곳에서 변혁의 바람이 불었다.

그것은 바로 아이폰의 등장이다. 아이폰은 말 그대로 개인화의 감성과 디자인 터치 스크린의 강점으로 폭발적으로 판매가 증가하였다. 더욱 반가운 것은 개인들이 만든 프로그램을 팔아서 개인들에게 수익 배분을 같이 하도록 만들어낸 것이다. 기존의 대형 포털과 온라인몰 등은 쇼핑몰 등이 가지는 개인들에게 주는 고객 정책과 완전히 다른 것이었다. 기존의 방식은 개인이 고객의 위치에서 고객인 개인들에게 혜택을 주지 않고 단지 물건만을 보고 상품을 소비하는 형태만을 추구했다. 그런데 그런 개인 고객을 상품과 서비스를 만드는 동등한 대우를 해 주고 이익을 나누게 한 것이다. 하나의 거대한 통합 위에 분산이 만들어 낸 결과였다.

이것이 분산의 시대가 열리는 단초가 된 것이다. 이것을 계기로 통합의 시대는 이제 개인이 힘을 가지는 분산의 시대로 가게 되었다. 점점 더 다양한 서비스가 등장하면서 분산의 시대는 이제 서막을 열고 있다. 애플의 아이폰과 아이패드, 소셜 네트워크 서비스 트위터, 전자책 킨들 등 다양한 분산의 시대 산물들이 쏟아져 나오고 있다.

2) 통합 위에서 분산으로

그런데 분산의 시대에서 나온 산물들이 한 가지 잘못된 길로 가고 있다. 그것은 다양한 모바일 기반 기기가 서로 상업적인 이유 때문에 호환이 안 되고 칸막이가 쳐지고 국경과 장막이 생기고 있다는 것이다.

이것은 다시 통합 이전의 세대로 되돌아가는 문제가 있다. 시대는 발전한다. 통합의 시대에서 분산의 시대로 발전되는 것은 통합 위에서 분산이 되어야 한다는 것을 의미한다. 그런데 분산만을 고집하게 되면 결국 통합 이전의 구석기 시대로 되돌아가는 문제를 가지게 된다.

통합된 상태에서 분산으로 가야 고객들은 불편하지 않고 개인들은 힘을 가지게 되는 것이다. 그런데 지금의 모바일 인터넷과 장비의 성능 호환성을 보면 그것과 정반대로 분산만을 생각하여 상업적인 체계만을 급급하게 만들고 있다.

인터넷이 태동하면서 지금까지 인터넷은 누구나 사용할 수 있는 형태의 네트워크로 발전하였다. 'WWW'의 약자인 '월드 와이드 웹'도 누구든지 네트워크에 들어 오면 공개된 정보를 쓸 수 있게 하였다. 그런데 최근에 공개된 스마트폰과 모바일 기기들은 이런 흐름에 역행하고 다시 옛날 초창기로 돌아가려고 하고 있다. 현재 인터넷은 모두에게 똑같이 개방된 공공의 장이지만, 웹의 초창기 구석기 시대의 인터넷 프로바이더 AOL 유저들은 단지 AOL의 콘텐츠만 볼 수 있었다. 그리고 지금의 스마트폰과 모바일 기기도 AOL처럼 그 기종에 맞는 콘텐츠만을 볼 수가 있다. 이렇게 스마트폰이 통합되지 않는 이유는 단 하나 상업적인 이해 관계가 있어서 경쟁사의 것들을 배제해야만 모바일 기기를 만든 업체가 살아 남기 때문일 것이다.

소셜 네트워크 서비스인 트위터를 아이폰에서 구동하기

위해서는 트위터라는 애플리케이션이 필요하고 G메일 모바일에 확인해야 될 경우는 안드로이드폰으로만 가능하다. 더욱이 아마존 킨들을 통해 구입한 전자책은 다른 종류 리더기에서는 도통 읽을 수 없다. 새로 발표된 아이패드에는 플래시 기능의 동영상을 볼 수가 없다.

현재 "Splinternet"라는 신조어가 만들어지고 있다. 인터넷이 쪼개지고 있다는 의미이다. 파편화된 인터넷이란 뜻인데 모바일 단말기를 가지면서 그 파편을 고객들은 가지게 되고 다른 파편을 볼 수가 없는 그런 인터넷 세상이 된 것이다. 결국 다양한 종류 중에 하나의 스마트폰을 구매하는 사람들은 기기를 사는 순간, 앞으로 이용할 인터넷 콘텐츠와 소프트웨어의 범위까지 선택하게 되는 것이다.

개인들은 절대로 이런 것을 용납해서는 안 된다. 그 이유는 고스란히 다른 파편을 사용하고자 할 때 그 파편을 쓸 수 있는 단말기를 다시 구입해야 되기 때문이다. 결국 상업적 이유로 분산을 만들어 내는 꼴이 된 것이다. 개인이 힘을 가지는 시대가 도래하는데 이런 것은 시정되어야 한다. 막강한 파워를 모든 콘텐츠 사용자이면서 생산자인 개인들이 보여 주어야 한다.

문제는 고객과 사용자뿐만 아니라 콘텐츠 공급업자 응

용 프로그램 제작업체들이다. 어느 것에 줄을 서야 될지 모르고 시장 상황만 보다가 시장 진입에 늦거나 여러 개의 스마트폰 운영체계에 맞추어 개발하여 소모적이고 비효율적으로 만들어 가고 있다. 이것은 중소 업체들의 원가를 높여 심각한 위기를 맞게 될 수도 있다.

이에 넥스트 웹인 멀티 다차원 관계형 웹은 다중화 웹, 즉 통합 위에서 통합된 몰과 분산의 웹인 개인화 웹과 관계로 연동이 되므로 어떠한 단말기도 이런 형태로 발전시킬 수 있다. 고객인 개인이 개인화 웹에서 한 번의 입력으로 아이폰용 웹과 안드로이드용 웹, 심비안용 웹이 관계형으로 다중화된다. 또한 통합된 쇼핑몰 웹 사이트와도 관계형으로 다중화되어 연결되므로 통합 위에서 분산을 만드는 것이 된다.

중소 콘텐츠 업체도 마찬가지로 서로 관계형으로 연동되게 프로그램을 한 번만 만들면 된다. 각각의 웹 서버는 통합으로 연결되어 있고 담당하는 모바일 기기의 콘텐츠 운영체계에 들어가 분산되어 각각의 스마트폰과 모바일 기기에 보이게 되는 것이다.

3. 평등하고 균형 있는 통합 위에서 분산하는 사례들

불균형의 통합은 마찰이고, 불균형의 통합은 개인의 감성과 창조성을 막는다. 쉬운 예로 통합된 인터넷 사이트에서 인터넷 중독자들은 감성과 창조성 없이 그저 인터넷 지시에 따라간다. 이렇게 사람이 중독되면 결국 강력한 통합된 것에 의해 지배되고 구속된다. 쉬지 못하고 잠을 자지 못하는 인간은 결국 병들고 죽어 간다.

이것을 막으려면 통합은 하되 분산된 것을 인정하는 균형과 평등의 원칙에서 시작되어야 한다. 이런 원리는 사회 모든 분야에서 적용된다.

우리나라 교육제도도 마찬가지이다. 아이들을 획일적 스

펙에 맞추어 통합을 시도하고 있다. 아이들이 그 스펙이라는 것을 맞추기 위해 잠을 자지 못하고 봉고차에 끌려 다니고 성적이 떨어지면 자살을 하기도 한다. 이것은 획일적 스펙으로 사회적으로 통합된 가치관에 의해 평가되기 때문에 스펙에 안 맞은 낙오자들은 절망하고 자살하게 되는 것이다. 이것은 잘못된 것이다.

이 문제를 해결하려면 평등하고 균형 있는 통합 위에서 분산을 해야 한다. 사회적으로 사교육보다는 공교육을 강화하고 공교육에서는 성적으로 사람을 평가하지 말고 각각의 스펙을 그 사람에게 맞도록 여러 가지 재능과 능력을 발굴하는 형태의 교육으로 통합해야 한다. 즉, 누구나 평등한 전인교육으로 통합하고 각각의 분야에서 재능에 따라 분산으로 우열을 가리면 된다. 직업 정신과 창조성을 길러 누구든지 평등하고 창조성을 기를 수 있게 하며 어느 분야든지 개척하고 발휘할 수 있다면 분산할 때 우열이 생겨도 그것은 중요하지 않게 되는 것이다.

정치도 마찬가지이다. 진정한 지방자치는 지역을 하나의 통합된 나라에서 분산하는 것이 아니다. 모든 나라는 통합을 원한다. 통합을 통해 강력한 나라를 만들기를 바란다. 그러나 진정한 통합은 이런 집단주의가 아니고 나라의 구성원들이 평등하다는 것에부터 출발하는 것이다. 누구나 행복할 권리가 있다는 관점으로 통합하고 그 생각 속에서 각각 지방의 색깔로 기능으로 문화로 분산하면 된다.

넥스트 웹도 마찬가지이다. 누구나 정보를 생성하고 누구나 평등하게 이익을 가지며 누구나 포털이 될 수 있고 누구나 검색엔진을 만들 수 있다는 평등으로 통합하고 개인과 같은 구성원들에 분산해야 한다.

웹 사이트는 개인화나 분산화를 추구하지만 통합이 되어 있고, 통합화가 되었지만 개인화나 분산화로 보여질 수 있는 멀티 다중화를 만드는 관계형의 웹이 넥스트 웹의 기본 개념이다. 이런 개념의 기본은 평등이다. 누구나 통합된 콘텐츠를 개인화나 분산화된 웹 사이트에서 감성과 창조를 통해 멀티 다중의 관계로 연결하는 것이다.

1) 오프라인 서점의 통합과 분산

온라인은 오프라인과 다르다. 오프라인이 온라인화되는 것은 기존의 온라인 방식과 다르다. 지금의 오프라인 몰은 온라인 몰 때문에 많은 영향을 받는다. 온라인 몰은 매출이 감소되고 있고 고객은 줄어 들고 있다.

오프라인과 온라인이 다른 것은 지역을 기반으로 하는 것에 있어 확연한 차이가 있다는 것이다. 그래서 오프라인을 온라인화시키려면 당연히 지역을 기반으로 해야 한다. 그래야만 오프라인이 온라인의 힘으로 성장하게 되는 것이다. 마찬가지로 통합된 온라인 정보에 의해 분산된 온라인 상점, 즉 오프라인 상점들이 성장하게 된다.

온라인 서점은 인터넷 상거래에서 제일 강한 아이템이다. 그런 온라인 서점의 성장 때문에 제일 힘든 것이 기존의 출판사와 서점이다. 출판사들은 온라인 상점의 가격인하 정책으로 매출 이익이 줄어 들고 서점들은 기존의 도서 시장의 파이를 서로 나누어 가지는 형태가 되었다.

이러한 문제를 해결하기 위해 출판사나 서점들은 이제 뭉치면 된다. 이것은 통합이다. 통합하는 주체가 무엇이든 상관없다. 지역별이든 주제별이든 다중으로 통합이 가능하다. 출판협회나 서점협회에서 서로 간의 공동의 이익을 추구하는 곳이면 더 좋다. 그런데 그 통합 속에서 지역을 기반으로, 전문영역별로, 고객의 취향별로 분산이 가능하다. 원한다면 모든 출판사 웹 사이트나 모든 서점의 웹 사이트는 통합몰로도 가능하다.

이것이 평등이다. 누구든지 가능한 통합 서점 상품몰로

운영이 가능한 것이 균형과 평등의 통합 위에서 분산이 이루어지는 것이다. 넥스트 웹이 발전하는 것은 이런 방향으로 가야 한다.

하나의 출판사의 입장에서 볼 때 자기 출판사 웹 사이트만을 관리하면 된다. 물론 E-book도 가능하다. 출판사가 책을 서점에 납품할 때 제일 힘든 것이 서점 웹 사이트에 정보를 다시 재입력하는 것이었다. 정보는 같은데 일일이 모든 서점의 웹 사이트에 연동하려면 작업하는 것이 만만치가 않다.

그리고 가격 차이가 다른 대형 서점몰의 웹 사이트도 이러한 것을 마음대로 관계형 웹으로 연동이 가능하다. 넥스트 웹이 가지는 기능 중에 제일 중요한 것이 통합된 하나의 데이터가 여러 개의 멀티 다중 관계로 분산을 한다는 것이다.

또 하나의 이 같은 형태는 바로 책과 관련된 검색엔진이 만들어진다는 것이다. 결국 기존의 서점 유통망을 대체하는 또 하나의 유통망이 책 검색엔진에 만들어질 수 있다. 이 전문 검색엔진은 스마트폰이나 IPTV 등에 연결하여 기존의 오프라인의 책을 온라인으로 검색하여 구매를 가능하게 한다. 관계형 웹이 통합 위에 분산되어 검색엔진으로 디지털 유통망으로 성장이 가능하다.

2) 지역 기반 상점의 통합과 분산의 사례

등촌동과 장안동은 중고차 매매시장으로 유명하다. 수백 개의 중고차 매매회사가 그 안에서 영업을 한다. 손님이 중고차 매매시장에 가면 그들은 조그만 수첩을 들고 다닌다. 그 수첩은 격주로 발간되고 매매시장에 있는 다른 회사의 자동차 정보를 가지고 있어 손님이 원하는 어떤 차도 매매를 할 수 있게 소개시켜 준다.

이때 평등한 통합을 위한 분산이 가능하다. 각각의 모든 자동차 매매회사들이 각자가 자기 웹 사이트에 인터넷으로 자동차 정보를 올리기만 하면 모든 통합된 사이트가 관계형 웹으로 연동되고, 원한다면 각자의 중고차 매매회사의 웹 사이트에서 모든 회사의 중고차 매매 정보가 보이게 된다.

이렇게 되면 스마트폰으로 손님이 원하는 자동차를 자기 웹 사이트에서 검색하여 보여 주면 된다. 손님이 오면 굳이 수첩을 들고 다닐 필요 없이, 일일이 전화를 해서 갈 필요 없이 손님한테 스마트폰으로 자기 웹 사이트만 보여 주고 사진을 보여 주어 손님한테 더 큰 신뢰를 주는 것이다.

부동산도 마찬가지이다. 손님이 부동산 매물을 보고 싶을 때 자기 웹 사이트로 들어가 관계형 웹 사이트로 연동된 다른 업체의 웹 사이트 정보 중에, 찾고 있는 매물 리스트를 볼 수 있다면 손님한테 신뢰를 얻을 수 있다.

지역을 기반으로 하는 모든 상가도 마찬가지이다. 관련된 업종이 단일 업종인 것이 많다. 남대문 상가, 동대문 상가, 전자 상가, 이런 모든 곳이 바로 통합 위에 분산을 한다면 누구나 같이 평등하고 균형된 이익을 나누게 되는 것이다.

서울 큰 건물 지하에는 많은 상가들이 있다. 이런 곳은 단지 온라인으로 연결되기보다는 오프라인 손님만을 받는다. 그러나 이젠 지역기반의 스마트폰, 네비게이션이나 지역기반의 온라인 광고가 성장하면서 광고를 하지 않으면 살아남지 못한다. 이럴 때 통합을 하면 된다. 그리고 그 통합 위에 평등한 분산으로 각자의 웹 사이트만을 관리하면 어디서든지 온라인으로 각자의 상점 정보를 광고하게 된다. 건물 상가에 있는 사람이 뭉치면 하나의 거대한 온라인몰이 된다. 다양한 상점이 있어도 상관없다.

이것은 분산되어 있는 지역의 모든 상점들을 균형 있게 통합하고 원래 분산되어 있는 역할을 좀 더 강화시키게 하는 것이다. 거기에 보너스로 온라인 매출이 추가되는 것은 통합의 힘을 발휘하여 기존의 온라인 상점보다 많은 상품 수를 보유한다면 충분한 경쟁력을 가지게 된다. 여기에 기존의 지역 사업장들은 WEB POS나 다른 애플리케이션을 통해 운영 시스템을 만들고 내부적인 운영 때문에 입력한 기존의 바코드, 서비스 정보를 다차원 다중관계 고객들의 웹 사이트를 통해 음식점, 상점, 서비스 업체들의 상품 서비스 정보를 실시간으로 볼 수 있고 이것을 인터넷 쇼핑몰에 의해 구매할 수 있도록 하는 것이다. 이것은 기존의 오프라인 사업장을 온라인화시키는 데 일조할 것이며 다양한 정보를 고객들에게 제공하여 좀 더 많은 매출을 올릴 수 있도록 하는 것이다.

3) 지점 대리점과 프랜차이즈 통합과 분산

각 지역의 전자제품 대리점도 통합 속에서 분산을 온라인화시켜 지역 고객을 대상으로 영업 채널을 형성시킬 수 있다. 서두에서 말한 것처럼 오프라인은 지역을 기반으로 하기 때문에 지점과 대리점 프랜차이즈 속성을 가진 기업 대상, 사업장, 음식점, 오프라인 생활, 식품, 학원들이 다차원 웹 기술의 넥스트 웹 사이트 방식과 VOIP, WEB Site, CRM, ERP, E-Learning, MIS, POS 등 내부 통합 시스템과 외부 고객을 향한 분산의 마켓 플레이스(Marketplace)가 결합된다면 충분한 오프라인의 힘을 가지게 될 것이다.

기업이 성공하려면 좀 더 많은 채널을 가지고 있는 고객들과 접점을 늘려야 하는데 그러기 위해서는 고객들의 충성도나 고객들에게 정보를 좀 더 쉽게 접근할 수 있도록 해야 한다. 그런 면에서 기업이나 사업장은 이제는 활용할 수 있는 인터넷을 통해 고객과 연결되는 채널 정보가 많아져야 하는데 기존의 기업 조직이나 사업장에서 쓰이는 시스템은 단순히 기업 내부의 영역에서 이루어지는 것만을 다루고 있다. 이러한 통합된 데이터를 좀 더 쉽게 분산화시켜 고객한테 분산으로 동기화시켜 외부와 연결하여야 한다.

그리고 기존의 통신 비용은 많은 절감이 필요한데 내부 시스템(VOIP 교환기장비와 CRM- Customer Relation Management)과 외부 고객과의 채널을 늘리려면 비용이 증가한다. 이에 넥스트 웹은 고객과의 커뮤니케이션 운영 비용을 오히려 줄이면서 지역을 기반으로 하는 분산형 채널인 관계형 웹 사이트를 만들고 거기에 전화를 통한 적극적인 마케팅을 한다면 충분한 승산이 있다. WEB CRM을 통해 좀 더 다양한 방법으로 고객과 채널을 만드는 것이고 내부 인력의 지식 관리 시스템이나 사업장의 통합 정보들의 공유를 통하여 인터넷 환경에서 보다 많은 정보를 만들어 갈 수 있다.

이러한 넥스트 웹의 통합과 분산의 방향은 기존의 기업들에게 다음과 같은 효과를 내고 있다.

첫 번째, 기업의 웹 사이트는 고객들에게 다차원 계층 관계형 개인화 웹 사이트로 분양이 가능하여 고객들의 개인화 웹 사이트가 기업의 웹 사이트와 채널이 연결되어 자동으로 기업의 웹 사이트 정보가 광고가 가능한 시스템이 된다. 또한 모든 직원들이나 관계사들한테도 웹 사이트를 각자가 쓸 수 있도록 하고 각자가 관련된 고객, 직원, 관련사의 웹 사이트와 정보가 자동으로 연동이 되게 하며 기업의 내부 시스템과 업무적 지식적인 데이터를 좀 더 효율적으로 만들게 하여 다양한 채널을 만들 수 있다. 한 번의 입력으로 다양한 채널의 데이터를 멀티 관계형 웹 사이트에 맞게 보여지게 함으로 각각의 채널들이 기존의 수동적 지시나 연락에 의해 이루어지는 관계가 아닌 능동적으로 지능형태의 조직구조를 갖추게 됨으로써 비용과 시간을 절약하는 효과가 있다.

두 번째, VOIP 교환기를 만들어서 통신비 절감을 유도하며 고객들의 전화가 문의가 들어올 때 좀 더 신속하게 고객의 맞춤에 관련된 정보와 연결이 되게 하여 많은 비용을 줄이면서 효과를 크게 만들 수 있다. 그리고 각자의 고객의 웹 사이트를 고객의 VOIP 번호로 인식해서 고객에게 분양할 수 있어 좀 더 많은 고객들이 기업의 정보와 좀 더 많은 채널을 가지도록 하게 하는 것이다.

특히 모든 보험, 자동차, 펀드 매니저 등 영업 사원들은 대부분 제품과 서비스를 팔지만 개인적인 신뢰, 즉 관계에 의해 영업이 이루어지는 경우가 많다. 그러한 것을 지원할 수 있는 온라인 시스템인 영업사원 개인 웹 사이트를 본사에서 통합된 정보를 입력하고 분산된 개인적인 정보는 직접 입력하게 하여 고객과의 채널을 만들어 준다면 더욱 고객과의 신뢰가 쌓이게 될 것이다.

이러한 원리는 한의원, 병원도 마찬가지이다. 고객은 관계를 중시할 때 신뢰를 갖는다. 이런 속성을 한의원, 병원, 약국 등이 서로 통합되면서 분산의 효과를 블로그나 스토리를 통하여 접근한다면 충분한 효과가 있다.

특히 음식점은 아주 밀접한 관계를 고객과 가져야 한다. 고객의 취향과 고객의 이름, 고객의 입맛을 알아서 제때에

서비스해야 한다. 그런데 그런 채널을 단순히 고객이 계산할 때 알아볼 수가 없다. 이것은 통합된 정보가 고객이 원하는 것으로 오게 하고 분산으로 각 지역의 프랜차이즈 사장이 손님의 취향과 손님이 느끼는 음식의 맛을 본사로 피드백시키면 본사는 다시 분산된 정보를 통합하는 역할로 새로운 메뉴를 만들 수 있다. 이런 통합과 분산의 사례를 넥스트 웹을 적절히 사용한다면 기존의 모든 오프라인 사업장은 성공하게 될 것이다.

4) 학교의 통합과 분산

마찬가지로 학교, 학원, 공공기관도 마찬가지로 관계형 웹으로 만들 수 있다. 학교는 계층 관계형, 즉 학급, 학생, 선생님 웹 사이트를 만들어 서로 관계할 수 있게 만들 수 있다. 여기에 온라인 이러닝 시스템으로 각각의 학교에서 학급이나 학생들에게 관계형 웹에 의해 맞춤형으로 교육을 시킬 수가 있다. 이것은 현재 사교육의 문제점을 해결할 수가 있다.

이렇게 학교에서도 통합 위에서 분산을 만들어야 한다. 평등한 균형으로 통합을 하는 것이다. 모든 학교에서는 과

목마다 전문적인 선생님이 있다. 이런 과목을 관계형 웹 사이트로 모아 전문적으로 통합하는 것이다. 이런 균형된 통합의 전문 교육포털 웹으로 지식체계를 만들어 다른 학교와 연계하여 학생들이 인터넷을 통해 검색하거나 지식을 습득하게 하여 분산하게 하는 것이다. 예를 들어 과학 선생님의 웹 사이트와 블로그들을 통합하여 과학 지식 포털로 통합하고 각각의 학생 웹 사이트로 분산을 하여 과학 지식 포털로 연동하게 한다.

특히 넥스트 웹인 통합과 분산 기술을 이용하여 해외 학교의 관계형 웹과 연동하여 온라인 영어 학교 자매 결연 시스템을 만들 수 있다. 한국의 초등학교, 중학교, 고등학교 웹 사이트를 구축하고 해외의 초등학교 등과 온라인 자매 결연을 통해 뉴질랜드, 호주, 캐나다의 학생들과 친구가 되고 클럽을 조성하여 직접 인터넷 VOIP 폰으로 영어로 말하고 관계형 웹으로 수업을 같이 진행할 수 있다.

전 세계적으로 유일하게 한국 수업시간을 같이 공유할 수 있는 시간대를 가진 나라는 뉴질랜드와 호주 밖에 없는 섬을 착안하면 우리나라 학생들은 이런 나라들의 학생들과 수업을 같이 들을 수도 있다.

다음 세대를 위한 넥스트 웹은 이렇게 만들어 웹과의 국

경을 없애야 한다. 조기 유학을 위해 가족이 떨어져 있지 않
아도 수업이 가능한 것이 넥스트 웹이 되어야 한다.

5) 기업에서 스토리텔링 통합과 분산

넥스트 웹으로 만들어진 통합된 기업포털이 분산을 위
한 스마트폰용 스토리텔링으로 연계가 가능하다. 이것은 다
음과 같은 고민을 해결할 수 있다.

어떡하면 기업의 충실 고객과 채널을 고정화시킬 것인
가? 어떡하면 마케팅을 잘해서 기업의 매출을 올릴 것인
가? 어떡하면 지금의 인터넷 변혁시장에서 살아 남을 수 있
을 것인가? 어떡하면 기업이 스마트폰을 이용하여 광고를
할 수 있을 것인가? 어떡하면 기업 경영을 스마트폰을 이용
하여 최소의 비용으로 할 것인가? 답은 통합 기업포털과 관
계형으로 연계된 분산의 스마트폰용 스토리텔링이다. 어린
아이들은 스토리를 좋아한다. 그냥 좋아하는 것이 아니라
잠을 못 잘 정도로 좋아한다. 겨울 밤에 난로 옆에 할아버
지가 들려 주는 이야기는 평생 기억에 남는다. 스토리는 기
억을 만들고 스토리는 감성에 자극을 하고 또 기억을 공유
한다. 그렇다면 인터넷도 이제 스토리를 담아서 말을 해야

한다. '텔링'은 영어로 말한다는 뜻이다. 이것이 인터넷 스토리텔링의 기본 철학이다. 기존의 어떠한 통신체계도 이것을 따를 수가 없다. 인터넷의 기본 철학을 스토리텔링 안에서 볼 수 있다. 모든 웹 2.0도 마찬가지로 스토리텔링의 기본 철학을 보여 주고 있다. 서로 간의 원칙 생산과 소비의 주체가 서로 같다. 이러한 스토리를 담는 그릇이 인터넷이고 이것을 말하는 것도 바로 인터넷이다.

이제는 스토리가 지배하는 시대가 되었다. 가장 비근한 예로 영국의 『해리포터』라는 책으로 벌어 들이는 수익이 1년에 A 자동차로 벌어들이는 수출 수익과 맞먹는다. 애플은 소비자에게 감성과 스토리를 전달하는 아이폰을 만들어 새로운 형태의 미디어를 만들어 냈다. 애플은 프리젠테이션마다 스토리 기법으로 사람들에게 이해를 시켰다. 어쩌면 애플이 추구하는 디자인도 스토리를 사람들에게 전달하는 매개체가 되어 있을 수도 있다.

스토리는 이제 전략적인 것으로 선택되어야 할 것이 아니라 필수적인 것이 되었다. 사람들에게 감성을 전달할 때 스토리를 말하는 것은 이제 대세이다. 사회적 이슈를 인터넷에 담을 때 스토리는 많은 주제를 담는다. 때로는 정치적 목적을 가지고 스토리를 만들 수가 있다. 이런 스토리는 많은 파장을 담는다. 이런 감성 표현을 할 수 있는 인터넷 도구를 기업에서 제대로 활용할 수만 있다면 기업은 성공할 수 있다.

스토리텔링은 기본적으로 채널이 있어야 하며 다분히 감성적이라 메스 미디어(Mass Media)의 광고 기법으로 전달되어서는 안 된다. 그 이유는 감성은 다분히 개인적이고 특화된 것이 많이 있기 때문이다. 기업이 감성을 고객에게 전달하고 싶어도 결국 감성 채널이 형성되지 못해 스토리텔링을 못하는 경우가 발생할 수도 있다.

기업은 많은 형태의 판매망과 고객과의 채널이 있다. 많은 기업이 본사 차원에서 급변하는 WEB 2.0, UCC, 블로그 등 인터넷 환경에 적응하지 못하고 인터넷을 통한 마케팅에 소극적으로 대처하고 있다. 여기에 지사와 대리점의 마케팅에 향후 인터넷 친화적 세대가 주 고객이 될 경우에는 많은 어려움에 봉착하게 될 것이다. 결국 미래는 여러 가지 온라인 미디어의 노출에 실패한 기업들의 영업 실적이 떨어지는 현상이 발생할 것이다.

이것을 극복하기 위해 이런 기업들은, 온라인 채널을 가지고 있는 기존의 인터넷 포털 업체에 메스 미디어 형태에 의존하여 스토리텔링 광고를 할 수 밖에 없게 될 것이다.

이것은 스토리텔링의 기본 원칙을 무시한 결과가 되어 많은 비용을 들여 가면서 마케팅과 광고를 하지만 효과가 없는 기존의 광고 형태가 될 수도 있다. 이것은 또한 실적 없는 광고와 비용을 낭비하고 결국 경쟁력을 잃어갈 것이라 예상된다.

따라서 넥스트 웹은 기존의 인터넷 포털이 가진 고객과의 채널과 차별화를 가져야 한다. 기업은 개인적이며 개별적인 감성 채널을 고객과 함께 만들어야 한다. 키워드 검색, 지식 검색의 테마로 출발한 기존의 포털이 이후에 지식과 커뮤니티 포털로 확장되고 성공한 것처럼 이제는 기업도 단순한 기업의 웹 사이트도 온라인 포털과 검색엔진에 의존하기보다는 새로운 WEB 3.0 개념의 SNS(Social Networking Service) 구조가 필요하다. 기업에 관계된 스토리를 통해 오픈 성향의 집단 지식 포털 웹 사이트를 만들기 위해서 인공지능의 관계된 지역별 판매처 블로그와 개별적인 개인화 웹 사이트를 관계형 웹으로 연결, 이용한다. 이것이 바로 기업이 감성을 고객에게 전달하는 스토리텔링이다.

예를 들어 서로 다른 업종 기업과 관계형 웹으로 연계되어 기업 포털을 만들고 거기에 고객 웹 사이트나 블로그, RSS 등을 원하는 기업 포털 공유 정보에 연결하게 하는 것이다. 그렇게 되면 기업의 웹 사이트가 정보의 포털로 변하여 고객과의 감성 채널이 생긴다. 그리고 더욱 감성을 잘 전달하기 위해 인터넷 교환기를 통한 정보채널을 추가만 하면 급변하는 기업 환경과 인터넷 환경에 적응하는 새로운 스토리텔링 기업 포털이 생성되는 것이다. 이것은 고객의 다변화된 정보 단말기 스마트폰에 의해 더욱 많은 채널이 형성되어 촉매제 역할을 하고 기업의 스토리텔링을 완성하게 된다. 이제 아이폰의 대량 판매로 한국 인터넷 시장은 스마트폰의 폭풍 속으로 들어가고 있다. 이때 기업이 스토리텔링과 스마트폰을 위한 마케팅 준비를 못한다면 기업이 도태되는 것은 시간 문제이다.

이에 넥스트 웹의 마케팅 통합 그룹은 스마트폰을 겨냥한 기업 전용의 SNS 포털을 만들어 기업이 고객과 멀티 관계형 웹으로 채널을 형성하고 Push형 양방향으로 스마트폰용 스토리텔링 마케팅으로 분산을 지원할 수 있다. 개인 고객과 기업의 구매자들은 스마트폰을 이용하여 통합된 기업 포털에 접근하여 분산의 개인의 감성적인 블로그로 꼬리를 달게 하는 것이다. 여기에 VOIP 전화를 통합하여 연동되고 채널화되는 것이 넥스트 웹의 모습이다.

4. 넥스트 웹의 통합과 분산 솔루션

1) 차세대 넥스트 웹 검색 솔루션

기존의 비동기적 주소만을 알려 주는 검색 대신 각각 웹 사이트 정보의 내용을 데이터베이스로 비교하고 지능형으로 보여 주는 차세대 검색엔진이 필요하다. 이것은 각각 웹 사이트를 떠나지 않고 검색엔진의 결과가 보이므로 광고의 효과를 극대화시킨다. 이 기능을 이용하여 모든 웹 사이트가 검색엔진의 기능을 보유하고 누구든지 검색 결과를 자기 웹 사이트에서 볼 수 있게 한다. 이것이 평등의 웹 사이트가 되는 형태로 넥스트 웹의 기초가 된다.

또한 넥스트 웹 검색엔진은 클라이어언트 서버 형태의 기존 검색에서 클라우딩 형태의 검색엔진이 된다. 클라우딩은 구름이란 뜻을 가지고 있다. 기존의 클라이언트 서버 검색엔진은 한 개의 인터넷 주소 값을 가지고 있어야 했다. 그러나 클라우딩 검색엔진은 구름처럼 통합된 형태로 검색엔진은 멀티 관계형 웹에 의해 서로가 연결되어 있다. 그리고 동시에 검색엔진이 분산이 되어 각각의 웹 사이트가 구름처럼 퍼져 있다. 이것은 어디에서 검색하든 똑같은 결과를 갖게 된다. 또한 구름처럼 어떤 웹 사이트이든지 입구가 되어 모든 관계형으로 연동된 웹 사이트에 검색엔진과 함께 검색 결과를 보여 주는 포털이 될 수가 있다.

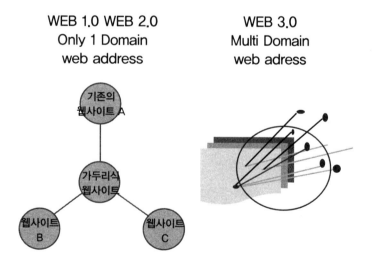

WEB 1.0 WEB 2.0
Only 1 Domain
web address

WEB 3.0
Multi Domain
web adress

기존의 웹은 일차원적 개념의 인터넷 도메인을 인덱스로 하여 검색 정보를 저장한다. 이것은 오직 인터넷 주소만을 보여 주기 때문에 인터넷 주소에 들어가서 검색 정보를 확인해야 하는 번거로움이 있었다. 그러나 넥스트 웹의 검색엔진은 멀티 관계형으로 연결된 여러 개의 인터넷 웹 사이트 정보에 흩어져 있는 관련 정보를 분석하여 고객이 원하는 형태로 분석된 정보를 보여 준다. 인터넷 주소 정보만을 보여 주는 기존의 검색엔진과는 차별화된 형태로 보인다. 관계형으로 채널이 형성된 웹 사이트 정보가 지식검색이나 지능형으로 연동하여 다양한 마케팅 기술과 다양한 인터넷 광고를 실현할 수가 있다.

검색엔진이 좀 더 고객에 맞게 수정되어 고객만의 검색엔진이 될 수 있다. 통합 속에서 분산의 형태가 이루어지는 것이다. 고객이 원하는 정보만을 보여 줄 수 있다.

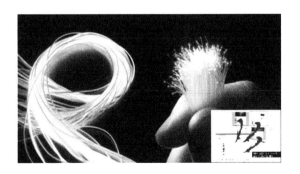

기존의 검색엔진은 고객이 원하는 것만을 알 수가 없고 모든 정보를 보여 준다. 예를 들어 기존의 검색엔진은 수많은 페이지가 보이며 각각에 보이는 인터넷 주소를 확인해야만 했다. 그것 때문에 고객은 많은 시간을 허비하면서 검색을 해야 했다.

　　그러나 넥스트 웹의 검색엔진은 정보의 속성이 비교하는 형태로 나와 검색 시간을 줄일 수 있다. 또한 정보 형태의 신뢰도를 구분할 수도 있고 보고서 형태를 원하면 그 형태로 만들어 줄 수 있다. 그리고 의미적 추론에 의해 고객이 원하는 정보를 정리하여 보여 주는 것이 넥스트 웹의 검색엔진 솔루션이 된다.

　　넥스트 웹은 개인화 웹에서 개인만의 검색엔진을 만들어 누구도 보지 못하는 정보를 개인만의 정보와 대입하여 보여 줄 수가 있다.

　　예를 들어 피자를 검색할 때 기존의 검색엔진은 피자를 검색하면 기존의 키워드 단어를 확인해서 피자라는 단어가 들어가 있는 모든 웹 사이트 주소 정보가 보였다. 그리고 이것을 확인하여 원하는 정보를 확인하려면 많은 시간이 걸렸다. 그런데 넥스트 웹의 검색엔진은 관계형으로 연동된 개인화 웹 사이트에서 검색하여 개인이 살고 있는 집 근처의

User created search   One source - Customized search ranking

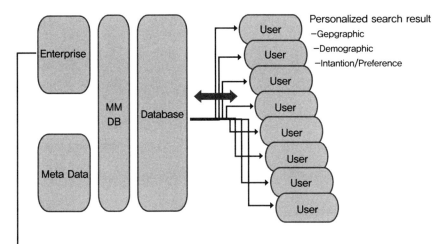

Personalized search result
- Gepgraphic
- Demographic
- Intantion/Preference

Synchronization: Interactive real-time update

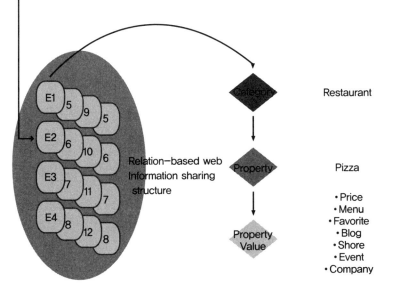

Relation-based web
Information sharing
structure

Restaurant

Pizza

- Price
- Menu
- Favorite
- Blog
- Shore
- Event
- Company

99

피자 가게 웹 사이트에서 피자의 가격과 고객들의 추천정보를 비교하여 한 장으로 보여 주는 것이다.

그리고 밑에는 스파게티 등 다른 메뉴 검색 정보가 보여 원하는 관련 검색어가 보인다. 이것이 넥스트 웹의 통합되고 분산되는 구름 형태의 다중화 검색엔진이다.

2) 차세대 지능형 네트워크 블로그

넥스트 웹에서 보이는 새로운 개념의 블로그는 지능형 네트워크 블로그이다. 기존의 SNS 네트워크 형태로 운영되어 기존의 블로그보다 수천 배의 효과가 있다.

우선 블로그는 기존 네트워크의 일차원적 개념으로 꼬리를 물고 진행된다. 그런데 넥스트 웹의 블로그는 네트워크 형태와 관계 형태로 이루어져 관련된 웹 사이트가 연동되는데 한 번의 블로그 입력은 모든 관계형 웹에 멀티 형태로 이루어지게 되는 것이다.

마이크로 블로그의 형태로 이루어지는 트위터는 모바일 문자 메시지(SMS) 위주로 연결이 된다. 넥스트 웹은 모든 인터넷 콘텐츠와 데이터를 트위터 형태로 보낼 수가 있다. 예를 들어 동영상 UCC로 꼬리를 물게 할 수도 있고 웹에 연동된 기존의 사진, 뉴스, 카탈로그, 보고서 등 모든 데이터를 롱테일(Long Tail)로 만들 수 있다. 이것은 스마트폰으로 모든 데이터를 연동하여 볼 수 있다. 한마디로 트위터의 문자 메세지는 기존 모바일폰 SNS 용이지만 넥스트 웹의 블로그 차세대 스마트폰 용 SNS인 것이다.

이런 것은 기존의 영업망을 가지고 있는 자동차 영업사원, 증권 펀드 매니저, 보험 영업사원, 한의사, 의사, 변호사, 회계사 등 전문 차트나 전문 보고서 등 관련 자료들을 좀 더 많은 사람들에게 통합하면서 분산시킬 수 있는 솔루션이 된다. 특히 호텔이나 관광지를 이러한 블로그 형태로 만들면 사용 후기를 통하여 마케팅과 광고를 멀티 관계형 연동된 모든 사이트에서 블로그가 시작되어 통합과 분산의 효과를 최대로 만들 수가 있다.

하나의 예를 들자면 어느 한의사가 자기 웹 사이트에서 뜸에 관한 논문형태의 블러그를 만들었다면 관계형으로 연동된 수만 개의 웹 사이트 건강 블로그의 카테고리 안에 한의사 블로그가 업데이트 된다. 그리고 한의사 블로그는 여러 카테고리로 또 분산된다. 뜸에 관한 내용을 전문적으로 여러 한의사 웹 사이트 블로그로 입력되어 동시에 꼬리로 코멘트를 달아 준다. 그렇게 되면 고객들은 전체 한의사 블로그에서 여러 한의사의 통합된 의견과 분산된 고객의 입장을 전부 볼 수가 있어 다양한 정보를 수집할 수 있다.

3) 차세대 이메일 솔루션

"fone2mail"은 넥스트 웹의 이메일 솔루션으로 스마트폰과 SNS가 연동되는 새로운 통합과 분산개념의 이메일 솔루션이다. 이것은 넥스트 웹의 기본적인 개념 관계형 웹에 연동되어 도메인 통합을 이루는 것이다. 그리고 분산 형태는 누구든지 모바일 기기, 특히 스마트폰으로 개인화 웹 사이트 메일을 접근하게 하여 SNS와 함께 쓸 수도 있고 기존의 스팸 메일의 문제를 해결할 수 있다. 스마트폰이나 기존의 모바일 기기로 연동이 되어 관계형이나 전화번호부로 연동하여 관련된 사람의 메일만을 받아 볼 수가 있고, 문자 형태로 인터넷에 연동되지 않은 상태에서 메일을 보낼 수가 있다. 또 메일 통신을 통합하여 기업의 고객 채널로 확대·개편할 수 있다.

좀 더 넥스트 웹 이메일 솔루션을 알아보면 다음과 같다. 개인들은 좀 더 많은 형태로 연락정보를 가지고 있다. 연락정보를 보면 우선 전화번호와 모바일 정보, 이메일 정보를 주는 것이 통상 사례이다. 그래서 대부분 정보를 주고받을 때 이동통신 단말기에 단지 전화번호만을 주고받고 저장을 한다. 따라서 이메일 정보는 고객들이 다시 연락을 하여 이메일 정보를 확인하거나 또는 이것을 적어 놓고 찾는 번거로움이 있었다. 대부분의 사람들에게는 이메일 주소를 저장하는 것이 번거로운 것이 된다. 또한 많은 사람들이 웹으로 로그인하는 이메일을 보는데 받는 당사자도 알지 못하는 사람으로부터 관련된 정보가 왔다고 생각하여 스팸 메일로 처리하는 경우가 많다. 그러한 많은 스팸 메일을 처리하는 것이 정상적인 메일을 처리하는 것보다 많은 시간이 걸리게 된다.

그래서 전화번호만을 알면 이메일을 보낼 수 있는 새로운 개념의 웹 이메일 시스템을 개발하는 것이다. 그리고 이것은 스마트폰과 SNS가 가능하고 이동통신사와 연합이 되어 각각의 이동통신사와 같이 프로모션이 가능한 넥스트 웹이 된 것이다.

좀 더 자세하게 설명하면 고객의 이동통신 전화 번호가 예)0101234567인 고객이 www.fone2mail.com에 가입하면 예)0121234567@fone2mail.com 형태의 이메일 주소를 가지게 된다. 그런데 가입되는 고객은 멀티 다차원 다중

관계 웹 사이트의 구조로 저장이 되고 도메인 명은 www.
fone2mail.com/0121234567로 저장이 되는 것이다. 이 고
객은 기존의 이메일 정보를 친구들이나 지인들에게 알릴 때
전화번호는 알고 있으므로 fone2mail.com이라고 이야기
를 하면 바로 이메일을 자기가 원하는 이메일로 포워드하거
나 개인의 다차원 웹 사이트에 로그인하여 이메일을 정보를
본다. 그리고 Voice Email 정보를 보내는 기능을 추가로 한
다. 기업, 상점들의 고객들도 모두다 가입을 유도하고 다차
원 네트워크 관계 웹 사이트를 통해 영업을 진행한다. 이것
은 다음과 같은 방법으로 좀 더 많은 고객을 확보 할 것이
며 다음과 같은 다양한 효과가 있다.

첫 번째 이것은 위의 모든 스팸 이메일의 문제를 해결하
고 다차원 다중관계의 웹 사이트로 연결이 되기 때문에 개
인적인 소셜 네트워크(Social Network)를 만들 수 있고 모
든 SNS의 다중관계 웹 사이트로 묶여져 있는 회사와 사업
장 정보들이 나와서 기존의 정보를 접근하기 쉽게 만든다.
두 번째 모든 기업들의 SNS를 쓰는 직원들 또한 멀티 도
메인 웹 사이트의 기능을 통해 같이 연동하게 한다. 세 번
째 또 다른 기능 중에 이동 통신사와 연합하여 고객이 인터
넷에 연결된 이동통신 단말기의 폰 북(Phone Book)에서

이메일을 보내고자 하는 사람의 이동 통신 번호만 알면 통신사 서버를 통해서 특수한 기호와 구분하여 이메일을 송신하는 것이다. 이것은 0121234567@fone2mail.com에서 fone2mail.com을 특수 기호로 에일리어스(Alias)시켜 이메일을 보내게 하는 방법이다. 네 번째 스마트폰에 개인 웹 사이트 정보를 아이콘으로 연동하게 하여 항상 어떤 위치에 있든 상호 연동이 되게 최대한 스마트폰을 이용한다.

fone2mail은 기존의 이메일을 통한 개인화 웹 사이트와 모바일폰을 이용한 이메일 주소로 난립해 있는 웹 이메일을 통합하는 기능을 가지고 있다. 그럼으로써 기업과 고객의 채널이 멀티 관계형 웹에 의해 생기게 된다. 즉 기존에 쓰고 있는 이메일로 포워딩할 수도 있고 웹 메일을 좀 더 편리하게 보내고 이동통신사 연동, 개인 메일을 보낼 수 있도록 연동할 수 있다. 또한 개인화 웹을 통해 DB 검색을 하는 통로로 만들고 인터넷 교환기 SIP 프로토콜을 이용한 인터넷 폰 메신저를 구성하여 누구나 메신저로 입력되면 관계형 웹으로 연동되게 진행이 가능하다.

이것은 인터넷폰, 이메일, 음성 이네일, fax 기능이 추가되고 문자 메시지나 기존의 이동통신망의 기능을 그대로 활용 가능하다. 결국 소셜 네트워크 망을 통해 모든 관계형 웹으로 모든 검색서비스, 쇼핑몰, 전자 결제, 이동통신 단말기 서비스를 진행 가능한 것이다.

NEXT WEB

3부 넥스트 웹과 스마트폰의 7S 원칙

넥 스트 웹 WEB 3.0과 WEB 4.0은 WEB 2.0을 뛰어 넘어야 한다. 단순히 인터넷 소비자가 콘텐츠를 생산하고 소비하는 주체가 되는 것뿐만이 아니라 지능적이고 유연한 형태로 이동성이 강하고 인터넷의 사용자들에게 맞춤으로 웹 에이전트가 있어 모든 사람들이 관계형 웹으로 참여하고 공유하게 하는 기술이 되어야 한다. 여기에 생산과 소비자의 구조가 아닌 소비자 자신의 고객이 콘텐츠를 직접 만들고 소비할 수 있는 구조로 되어야 한다.

그리고 다양성을 확보하고 전문적인 것은 콘텐츠 양방향 기술로 고객이 직접 기업의 마케팅에 참할 수 있게 해야 한다. 고객이 인터넷으로 찾아 오게 하는 방식보다는 고객에게 인터넷 콘텐츠의 다차원 구조채널 중에 하나를 선택할 수 있게 하는 고객만의 선택권을 필요로 한다. 이것은 실시간 양방향 성격으로 확장성이 뛰어나고 검색 능력이 탁월해야 한다.

미래형 웹은 양방향적인 성격으로 모든 콘텐츠가 여러 형태로 이루어지므로 관계된 웹 사이트에 한 번의 입력으로 실시간 모든 관계된 웹 사이트에 보이게 하여야 한다. 또한 웹 사이트의 주소창에서 검색할 수도 있어야 한다.

그리고 관련된 모든 웹 사이트를 멀티로 확장하여 관련

된 어떤 도메인을 활용하든지 정보에 접근할 수 있게 만드는 것이다. 이렇게 넥스트 웹은 인터넷 구조를 멀티 다중으로 바꾸는 형태로 만들어야 한다. 멀티 다중의 연결에서 선택할 수 있도록 만들어야 한다. 특히 이 기술을 이용하여 암호화 기술을 만들어 낼 수가 있다.

현재 기존의 인터넷 서비스 검색엔진들을 비롯하여 인터넷 쇼핑몰 등은 단일 도메인 방식이다. 그러나 미래형 인터넷은 멀티 도메인 방식으로 바꾸어야 한다. 여기에 기존의 모바일, IPTV, 스마트폰 등은 유비쿼터스 형태로 도메인을 융합하고 확장해야 한다. 마케팅적인 부분과 기술적인 부분에서 넥스트 웹은 전 세계 이동통신 시장의 일대 혁명을 가져올 것이다. 더욱이 스마트폰은 일대 산업 사회에 혁신을 가져올 것이다. 그리고 지금도 그 혁신은 진행 중이다.

결국 융합과 공유되는 지식정보 검색과 인공지능 검색이 가능한 형태로 모든 IP 기반의 단말기가 진화될 것이다. 이동통신 단말기를 통해 전자상거래를 할 수 있는 기술과 WIPI보다 발전된 다차원 관계형 WAP(Wireless Application Protocol)을 만들 수 있도록 하여 수많은 기술과 상품을 만들어 낼 수 있다.

결론적으로 넥스트 웹은 멀티 관계형 다차원 웹을 추구

하며 여러 개의 관계 조건에 따라 나오는 수많은 사이트가 항상 어떤 방향이든 데이터 수정이 가능하게 해야 한다. 그리고 이런 관계에 나오는 모든 인터넷 도메인을 모두다 정의하여 고객이 선택할 수 있도록 도메인 저장 검색 조건을 인터넷 검색창에서 가능하게 하는 시스템을 만들어야 한다.

이런 문제와 필요성을 안고 미래 인터넷 넥스트 웹은 여러 가지 솔루션의 관점으로 진행되어야 된다. 즉 일곱 가지의 필요성에 따라 각각의 방향으로 넥스트 웹이 만들어져야 한다. 그리고 좀 더 신중하게 미래형 웹을 만들어야 한다. 단순한 넥스트 웹 에이전트를 만드는 것이 아니라 원칙이 있고 방향이 있어야 한다. 이러한 흐름으로 필자는 7S 개념을 제시하려고 한다. 넥스트 웹의 근본적인 구조는 7S 개념으로 흘러 가야 한다. 이렇게 진보된 넥스트 웹은 산업 전반에 영향을 줄 것이다. 넥스트 웹의 7S는 지금 인터넷을 기본으로 수용하고 앞으로 어떻게 나아갈 것인지 나침반 역할을 하게 될 것이다.

1. Social Networking Service(사회적 구조의 네트워크 서비스)

2. Shared Knowledge(지식 공유)

3. Simple User Interface(간편한 사용자 환경)

4. Synchronized Platform(동기적 플랫폼)

5. Smart Paradigm(지능화 개념)

6. Speed Network(속도가 증가되는 네트워크)

7. Seamless Connectivity(이음새 없는 연결)

1.Social Networking Service(SNS)
사회적 구조의 네트워크 서비스

넥스트 웹은 사회적 공공성을 지녀야 한다. 넥스트 웹은 사회적 이슈를 만들어 내며 그 이슈는 사회적 체계를 통해 퍼져 나간다. 사회적 이슈라 함은 사회적 의견을 표출해 내는 공동체적 성격을 가지는 것이다. 개인적 색깔이 모여 사회적 색깔로 변한다. 지금까지의 전통적 생산 체계에서 생산자가 가지고 있는 정보 권한이 소비자로 이동한다. 소비자는 사회적 체계를 가지는 정보를 생산하고 소비한다. 소비자는 다분히 개인적이다. 소비자는 정보 생산자의 성격을 가지는 이중구조를 가진다. 모든 개인적인 네트워크는 사회적 구조, 즉 오프라인과 똑같은 사회적 네트워크를 가진다.

한 개의 도메인으로는 이런 사회구조를 표현 못하며 오히려 중독을 일으킨다.

예를 들어 트위터, 페이스 북은 단편적인 관계만을 표현한다. 페이스 북의 인터페이스에 맞게 사회관계가 형성되어 좀 더 복잡한 사회적 관계 구조를 만들어 낼 수가 없게 된다. 그래서 한 개의 도메인에서는 절대로 복합적이며 독립적인 사회구조를 표현 못한다.

그렇다면 복잡한 사회구조는 어떤 것이 있을까?

5가지 사회구조

1. 객체 관계형

　같은 속성을 가진 사람들의 관계형태. 동창회, 클럽 등

2. 네트워크 관계형

　이와 반대로 다른 속성을 가진 사람들의 관계 형태

3. 계층 관계형

　부모와 자식, 선생님과 제자들처럼 계층적인 관계 형태

4. 단일 확장 관계형

　하나에서 또 다른 하나를 복제하거나 확장하는 관계 형태

5. 복합 관계형

　위의 네 가지를 서로 혼합하는 관계 형태

위와 같이 복잡한 사회 관계 형태를 표현하려면 하나의 도메인, 하나의 시스템에서는 절대로 만들어 낼 수가 없다. 따라서 넥스트 웹은 여러 개의 도메인을 쓰면서 이런 독립적이며 다중적인 관계구조를 실제 사회관계처럼 구현해 낼 수 있어야 한다.

5개 관계형 웹사이트 형태

객체관계형

같은 정보를 서로 다른 웹사이트 주소에서 양방향으로 공유하게 연결하는 관계형

네트워크관계형

서로 다른 정보를 서로 다른 웹사이트 주소에서 양방향으로 공유하게 연결하는 관계형

계층관계형/단일확장관계형/ 복합관계형

서로 같은 정보 다른 정보를 계층형태와 단일확장형의 다른 웹사이트 주소에서 양방향으로 공유하게 연결되는 관계형

관계형웹을 통한 키워드 검색 결과

관계형으로 연결하는 웹사이트는 키워드 검색에서 좀 더 많이 노출되고 순위도 올라간다.

그렇다면 현재의 인터넷은 어떠한 모습을 하고 있는지 알아보자. 현재의 인터넷을 이야기할 때 가장 크게 부각되는 한 단어가 있다. 그것은 바로 Social Networking Service(사회 구조적 네트워크 서비스)이다. 이것은 새로운 사회 구조적 네트워크를 가진 또 하나의 언론 매체(Social Media)가 출현했음을 의미하는 것이다.

현재의 인터넷은 많은 사회적인 이슈를 공유하고 싶어한다. 예를 들어 하나의 사진에서 여러 가지의 감상이 나오는 것처럼 이제는 한 가지 사회적인 사건이나 이슈가 인터넷을 통해 여러 가지 이야기로 흘러 나온다. 그리고 이것이 사회적으로 영향력을 발휘할 수 있는 것으로 발전하기도 하고 사회적으로 해악적인 것으로 발전하기도 한다. 또한 이것은 전통적인 미디어와는 다르게 많은 설득력과 많은 구체적인 스토리가 첨가되며 좀 더 개별적이고 개인적인 특징을 갖는다. 마치 사회적 구조와도 같다. 페이스 북, 마이 스페이스, 일촌 이촌으로 유명한 한국의 포털도 마찬가지로 다분히 개인적이며 개별적인 사회적 구조를 가지고 있다.

이런 인터넷 사회적 구조 네트워크 서비스 중에 또 다른 형태는 롱테일이라는 것이 있다. 현재 가장 많은 사용자를 가지고 있는 SNS 트위터도 꼬리를 가지고 있다. 이것은 다른 모바일 네트워크를 통해 가지고 있는 것과는 다른 것이다.

사람들은 찬성하는 것을 "Following"이라고 한다. 그리고 그것을 통해 다시 의견을 재생산하기도 한다. 그런데 이것은 작은 규모의 의견 조절이며 어쩌면 블로그의 포스트 롱테일과 같은 구조라 볼 수 있지만 의견을 나타내는 것이 다르다.

그렇다면 현재 소셜 미디어에서 사회적인 영향을 주는 것이 과연 어떤 것일까를 알아보는 질문을 하고 싶다. 여기에는 지금 한국에서 가장 많이 이용하고 있는 블로그를 포함한다.

많은 사람들이 방문하는 것과 영향을 주는 것은 별개이다. 영향을 주는 것은 좀 더 많은 요소를 포함하고 있어야 한다. 트위터가 많은 추종자를 가지고 있다고 해서 영향을 주는 것도 아니고, 많은 포스트를 가지고 있는 블로그가 있다고 해서 영향을 더 주는 것도 아니다.

필자는 이것을 측정할 수는 없지만 사회구조를 보았을 때 필자가 처음에 제안한 다중의 관계가 연계되는 좀 더 개인적이고 신뢰적인 관계를 가진 웹이 연동이 되었을 때 사람들에게 진정한 영향을 준다고 생각한다.

사람들 중에 우리에게 영향력을 주는 사람은 누구인가? 링컨을 보자. 그가 살아온 인생은 하나의 드라마다. 사람들은 지금도 그때 그 당시에 그가 외친 노예 해방에는 인간의 존엄성에 근거한 절대 절명의 신념이 있었다고 생각한다. 오직 정직하게 그 한 가지를 이루었다고 생각하고 있다. 즉, 그가 가지고 있는 개인적인 신념이 정말로 남부군의 반발을 무릅쓰고 진행한 것을 높이 평가하고 있다.

마찬가지로 이제 소셜 미디어도 태생이 메스 미디어를 추종하지 않으려고 생겨났다. 결국 개인적인 성향이 어느 정도 있는 것이 영향을 주는 것이다. 따라서 사람들이 얼마나 많은 방문자를 가지고 있고 얼마나 많은 블로그가 포스트되어 있고 트위터가 얼마나 많은 추종자들을 가지고 있는지를 보고 그 자체를 평가하는 것은 어리석은 일이다.

하나의 미디어는 이제는 단순히 한 방향으로 일어나지 않고 있다는 것이 중요하다. 따라서 양방향의 미디어가 존재하는 것을 소셜 미디어에서 알아야 하고 이것을 이용하여 좀더 효과적인 영향을 주어야 하는 것이다.

그렇게 하려면 지금까지 메스 미디어의 마케팅이나 광고 방식으로는 되지 않는 새로운 개념의 인터넷을 만들어 적용하여야 한다. 그렇다면 새로운 개념을 만들기 이전에 과

연 지금의 SNS로 대변되는 현재의 인터넷을 하나씩 조명하겠다.

1) 트위터 같은 롱테일 구조

버락 오바마(Barack Hussein Obama) 대통령과 같은 이름을 쓴 오바마는 트위터에서 많은 이름을 가지고 자기 의견을 표출한다. 좀 더 효과적이고 신속한 대중 매체를 만들고자 하는 속성에서 이런 소셜 미디어는 발전되었다. 그것 때문인지 인지도 있는 정치 지도자들의 이름이 많이 등장한다. 그러나 누가 누구인지 모르는 것이 소셜 미디어의 문제이다.

보고 말하는 것이 좀 더 효과적이지만 웹 상에서 너의 의견에 나는 동조한다는 것이 좀 더 효과적인 찬반의 의견을 모은다면 누구든지 이런 형식에 참여가 가능한 것이다. 앞에서 말했듯이 트위터는 찬성과 반대를 나누는 이중적 구조를 가장 단순하게 만들었다고 말할 수 있다. 그리고 이러한 사회적 이슈를 몰고 다니고 표현하는 양식이 단순할수록 파괴력은 크다. 지금까지 인터넷은 마치 패션처럼 주류를 이루는 사람들의 문화를 대변하고 투영한다고 볼 수 있다.

20년 전 인터넷이 출현할 때 사람들은 개인 성향을 숨기고 미디어의 생산자들의 의견을 읽고 참여하는 수준에 불과하였다. 통신 수단도 이메일처럼 지극히 읽고 쓰는 형태로 끊어져 있었다. 개인적으로 양방향이 안 되어 사회적 이슈에 대한 의견을 표출하기에는 부적합한 인터넷을 쓰고 있었다.

그런데 지금은 사회적 이슈에 대해 그들이 가지는 의견에 반대하거나 찬성하는 입장을 개인적인 인터넷 미디어를 통해 표출하게 된다. 그리고 다시 다른 사람의 의견을 재생산하는 구조로까지 되고 있다. 이렇듯 리트위터를 한다는 것도 중요하다. 결국 인터넷은 사회적 현상과 주제와 스토리를 담아가는 그릇이 되어 가고 있다.

이것을 스토리텔링이라고 한다. 그렇다면 다음으로 스토리텔링이라는 것이 무엇인지를 알아 보겠다.

2) 스토리텔링

어린 아이들은 스토리를 좋아한다. 그냥 좋아하는 것이 아니라 잠을 못 잘 정도로 좋아한다. 겨울 밤, 난로 옆에서 할아버지가 들려 주는 이야기는 아이들의 기억에 평생 남는다.

스토리는 기억을 만들고 스토리는 감성에 자극을 하고 또 기억을 공유한다. 그렇다면 인터넷도 이제 스토리를 담아서 말을 해야 한다. '텔링'은 '영어로 말한다'는 뜻이다. 이것이 인터넷 스토리텔링의 기본 철학이다. 기존의 어떠한 통신체계도 이것을 따를 수 없다. 인터넷의 기본 철학을 스토리텔링 안에서 볼 수 있다. 모든 웹 2.0도 마찬가지로 스토리텔링의 기본 철학을 보여 주고 있다. 서로 간의 원칙 생산과 소비의 주체가 서로 같다. 이러한 스토리를 담는 그릇이 인터넷이고 이것을 말하는 것도 바로 인터넷이다.

이제는 스토리가 지배하는 시대가 되었다. 가장 비근한 예로 영국의 『해리포터』(Harry Potter)라는 책으로 벌어들이는 수익이 1년에 A 자동차로 벌어들이는 수출, 수익과 맞먹는다는 것이다. 애플은 소비자에게 감성과 스토리를 전달하는 아이폰을 만들어 새로운 형태의 미디어를 만들어 냈다. 애플은 프리젠테이션마다 스토리 기법으로 사람들에게 이해를 시켰다. 어쩌면 애플이 추구하는 디자인도 스토리를 사람들에게 전달하는 매개체가 되어 있을 수도 있다.

스토리는 이제 전략적인 것으로, 선택 사항이 아니라 필수 사항이 되었다. 사람들에게 감성을 전달할 때 스토리를 말하는 것은 이제 대세이다. 사회적 이슈를 인터넷에 담을 때 스토리는 많은 주제를 담는다. 때로는 정치적 목적을 가지고 스토리를 만들 수 있다. 이런 스토리는 많은 파장을 일으킨다. 정치는 표현을 할 수 있는 도구를 제대로 활용하여만 승리를 할 수 있다.

3) 온라인의 정치적 파워

최근에는 사람들이 정치적인 목적을 가지고 커뮤니티를 많이 만들고 있다. 블로그나 미니홈피는 이제 정치인의 가장 큰 홍보 수단 중에 하나이다. 인터넷은 이제 정치도구로 변하고 있다. 소셜 미디어의 기능을 제대로 하고 있는 것이다. 다분히 개인적인 정보를 표현하는 수단이 아니라 정치적인 견해와 홍보 수단으로 활용하는 것이다. 이것을 필자는 펄스널 미디어(Personal Media)라고 이름을 붙여 주고 싶다. 결국 이런 Personal LINK가 모여서 마치 메스 미디어처럼 연결 고리로 의견을 주장하는 것이 바로 인터넷 미디어 링크이다.

그리고 아고라(Agora) 같은 것이 인터넷 미디어 링크의 대표적인 그룹 미디어이다. 블로깅을 통해서 정치적인 것들을 표현하는 것도 이제는 보편화되었고 사람들은 일상적인 주제와 관련 검색을 통한 새로운 링크 구조로 인터넷을 바라보는 복잡한 인터넷 미디어를 만들어 내고 있다.

온라인 파워라고 하는 것은 이제는 신기한 것이 아니라 이미 실험이 끝난 하나의 정치적 힘을 가진 강력한 파워이다. 그리고 옛날처럼 재력과 군비를 가진 자가 힘 있는 자가 아닌 사회적 이슈를 만들고 인터넷을 통한 언론을 지배하는 자가 이제는 정치적 힘을 가지게 된 것이다.

정치적인 온라인 파워를 가진 블로그 그룹의 개인 개인을 바로 블로그 시민권이라고 한다. 그런데 블로그 시민권 구조는 스타 모양을 가지고 있다. 그렇지만 각각 그때그때 사회적 이슈마다 다른 구조를 갖는다.

예를 들어 대통령의 선거 때도 온라인 미디어 링크를 어떻게 만드는 지가 중요한 선거 정책의 일환이 되었다. 아마도 이명박 대통령 선거 때는 노무현 대통령 선거 때와 다르게 서로 다른 온라인 미디어 링크들이 연결되어 나타났다. 노무현 대통령 선거 때는 서로 같은 젊은 진보 온라인 미디어 링크들이 결속력을 가지고 최대한의 이슈를 만들었지만 이명박 대통령 선거 때는 서로 다른 그룹들이 경제적인 이슈를 가지고 있는 이명박 대통령의 홈페이지에 링크를 가지게 되었던 것이다.

웹 2.0 시대는 공유의 시대를 만들고 집단적 고객의 소비와 생산을 동시에 하는 역할을 하게 한 것이다. 결국 트위터라는 집단의견 결속체를 만들고 동시에 트위터는 스타 모양으로 정치적 이슈와 사회적인 이슈를 만들어 내는 사회적 구성체를 만들었다.

싸이월드의 미니 홈페이지를 정치가들이 만들면 여러 가지 로그가 남는다. 남긴 글을 통해 사람들의 정치적 이슈를 양방향으로 만들어 가는 것이다. 이러한 구조도 마찬가지로 스타 모양으로 많은 사람들이 인터넷을 통한 소통의 정치를 하지만 관심도가 많은 사람만이 접속하는 한계를 노출시킨다. 예를 들어 지난번 대통령 후보였던 A후보의 홈페이지를 보면 A후보의 출신 지역에서 접속한 경우를 많이 볼 수 있다.

온라인 커뮤니티는 정치적으로 쓸 수 있다. 부정적인 코멘트가 많은 정치인들에 대해서는 이젠 인터넷에 노출시키어 어느 코멘트가 좋은 것인가를 알아야 한다. 이제 정치는 어쩌면 인터넷을 통해 소통되어야 할지 모른다. 메신저와 블로깅 등 온라인이 가지는 모든 표현 수단이 이제는 정치적 표현 수단이 된 것이다.

2. Shared Knowledge(공유되는 지식)

1) 공유의 힘

지식은 공유되어야 한다. 단순한 지식이 아닌 고객의 관점에서 정보를 검색하고 경험하게 하는 것이 미래 인터넷의 발전 방향이다. 블로그나 모든 인터넷은 지식기반을 가지고 있다. 가지고 있는 것을 표현하는 자체가 지식이며 경험이다. 이런 것들을 공유하는 것이 지금 이 세대가 가지는 인터넷의 힘이다.

그런데 이런 공유의 힘을 방해하는 인터넷 기술이 있는데 이는 바로 도메인이다. 도메인은 공유의 원리를 위반하는 기술이다. 원래 영어로 "Domain"은 "영역"이라는 뜻이 있다. 이것은 "Dominate"의 "지배하고 억압하다"라는 뜻에서 출발한 명사이다. 이렇듯 웹 도메인은 지배하고 억압하는 뜻이 있어 그 영역에 들어와야만 공유할 수 있다. 그런데 한 개의 웹 도메인은 소셜(Social) 웹, 즉 사회적 관계를 나타내지 못한다. 왜냐하면 도메인이 지배되고 종속적인 뜻에 의해 다른 형태로 보여 질 수가 없기 때문이다.

좀 더 쉽게 말하자면 사람의 관계는 관점에 따라 다를 수가 있다. 예를 들어 나는 나의 아들의 아버지이며 내 아버지의 아들이다. 즉 나는 나의 아들의 입장에서 아버지이고 내 아버지 입장에서는 아들이다. 이런 다중적인 관계를 웹 도메인으로는 표현할 수 없다. 공유정신은 사회적인 관계 속에서 서로의 입장에 따라 다르게 정보를 공유하여야 한다. 결국 다중적인 도메인과 도메인에 종속되지 않는 정보를 만들어야 진정한 넥스트 웹의 공유정신이 된다.

그런데 지금의 웹 도메인은 다른 사람이 볼 수 있도록 하지만 문자형태의 도메인을 알아야 하는 한계가 있다. 이것이 종속적인 관계를 만들고 도메인을 알 수 없는 사람이 접속할 수 없게 만든다. 결국 인터넷 검색 비즈니스가 독점적 지위로 진행된다. 이것은 지식을 공유하는 네트워크에 심각한 문제를 안기고 있다.

WEB 2.0 시대는 공유의 시대이다. 어떠한 것을 공유하는가? 서로 다른 사람들의 관점에서 공유가 되어야 한다. 옛날에는 검색엔진에서만 공유할 수 있는 지식과 데이터를 이제는 어떤 웹 사이트이든지 관계형 웹을 통해 저장하고 그 정보를 다시 다른 사람의 관점에서 검색을 쓸 수 있도록 하는 것이 넥스트 웹이다.

아래의 그림은 상업적인 웹 사이트를 만들었을 때 지식과 정보를 공유하는 가장 대표적인 넥스트 웹 검색엔진이다. 이것이 지역에 살고 있는 사람들의 관점에서 정보를 검색할 수 있고 전문적으로 상업적인 정보의 관점에 따라 검색할 수 있는 형태의 다중적인 인터넷 검색엔진이 된다. 이렇듯 고객의 관점에 따라 검색엔진의 주소가 달라지고 다중적인 관계를 유지하게 한다. 이것은 정보를 제공하는 사람의 입장에서 봐도 한 번의 입력에 수많은 사이트에 노출이 되는 것이다.

예를 들어 부산에서 음식점을 운영하는 사람이 웹 사이트를 만들었을 경우 부산 검색 포털이 노출이 되고 음식점 전문 검색에 노출이 되며 블로그를 만들었을 때 블로그 전문 검색에도 노출이 된다. 만약 이 음식점이 프랜차이즈이면 별도의 그룹을 형성하여 웹 사이트를 관계형으로 연결할 수가 있다.

한 번에 부산 음식점에서 새로운 메뉴를 개발하여 웹 사이트에 광고를 하면 위와 같은 수많은 관계형 사이트에 노출이 된다. 이러한 것이 도메인에 한정되지 않고 고객의 관점 또는 관계되는 웹 사이트들의 관점에서 만들어지는 검색으로 의미적 출발이 가능한 넥스트 웹 검색이 된다.

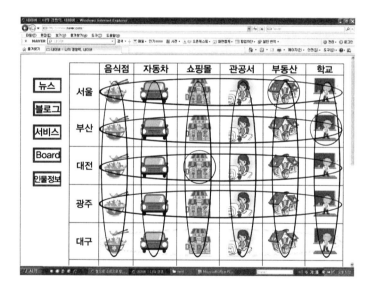

2) 검색엔진과 포털의 독점

최근 들어, 인터넷이 발전되어 감에 따라 인터넷 쇼핑몰, 오프라인 업소, 쇼핑몰, 기업, 부동산, 자동차, 관공서, 광고업체, 학교 등 다양한 업종이 인터넷상에서 서비스 웹 사이트, 쇼핑몰 사이트, 포털 사이트를 만들고 있다. 그런데 이러한 각각의 웹 사이트는 기존의 콘텐츠를 웹 검색 사이트에 검색 위주로 올린다. 그리고 검색엔진에 의해 고객들이 검색을 할 경우 보여진 검색 결과에 의해 사이트를 방문하게 하는 것이 전부였다. 보여지는 검색 결과도 인덱스 정보만 보여 주는 수준에 불과했다.

특히 비교, 분석하는 전문 포털이 소수 사이트에 불과해 고객은 직접 많은 시간을 들여 검색을 하여만 했다. 이러한 문제로 많은 기업 웹 사이트 등 소규모 쇼핑몰 업체, 특히 오프라인 상점 등은 단지 각자의 웹 사이트를 검색엔진에 올리거나 대규모 인터넷 쇼핑몰에 상품을 올렸다. 그리고 상품을 팔기 위해 많은 사람들이 방문하는 포털 업체에 광고비를 들여가며 직접 고객이 각자의 사이트에 방문해 주길 바라는 것이 최선이었다.

그래서 검색엔진이 있는 대형 포털 업체와 대형 인터넷

쇼핑몰 사이트의 매출과 기술이 급격히 늘어가고 있다. 결국 각 웹 사이트의 빈익빈 부익부 현상이 나타나고 포털 검색엔진 웹 사이트와 종합 쇼핑몰 웹 사이트를 표방하는 업체에 계속 종속되는 현상을 만들었다. 이것은 실제 웹 고객들이 각각의 웹 사이트를 이용할 경우 원가비용인 검색엔진 광고비와 대형 인터넷 쇼핑몰 압점비용을 추가로 지불하는 현상을 만들었다.

이러한 현상은 기존의 웹에서 다양성을 추구하는 인터넷 콘텐츠의 정보를 몇 개의 웹 사이트에서 고정화시키는 문제를 가져왔다. 더욱더 심각한 문제는 많은 수의 인터넷 주소가 이미 등록이 되어 있어 신규 인터넷 사업자가 인터넷 주소를 확보하기 위해서는 기존의 인터넷 주소를 등록한 사업자에게 많은 비용을 지불하여 구입함으로써 콘텐츠의 기술적 종속이 더욱 심해져 웹 기술의 진보를 더욱 느리게 만드는 요소로 작용하고 있다는 것이다.

각각 웹 사이트의 콘텐츠 관리적인 문제도 지금까지는 별도로 콘텐츠 입력을 하는 직원이 있거나 관리하는 업체가 있어서 주기적으로 수정을 해야지만 고객이 많이 방문하는 것이 현실이었다. 그러나 소규모 업체나 많은 대다수의 기업, 오프라인 상점 등은 웹 사이트를 만들어도 관리할 수 있는 시간과 인력이 안 되고 주기적으로 수정이 안 되어 고객에게 외면당하는 경우가 많았다.

또한 고객의 문제는 여러 개의 가입된 고정된 대형 포털을 방문해서 메일을 체크하고 스팸 메일을 처리하며 고정화되어 있는 정보를 봐야 한다는 것이며 고객이 포털 사이에 연결된 배너 광고나 다른 광고를 보는 것만으로는 정보의 전문성과 다양성을 분석할 수 없으므로 연결되어 있는 여러 웹 사이트를 시간을 내서 검색을 해야만 하는 불편함이 있다.

특히 많은 수의 대형 포털이 WEB 2.0을 표방하여 WEB 2.0의 개념으로 인터넷 사이트를 만들지만 마찬가지로 한 개의 사이트에 등록된 개인계정을 통해 들어오는 콘텐츠를 관리하는 것이 전부였다. 개인이 접속하고 만든 콘텐츠도 모든 개인이 만든 것이라기보다는 참여도가 높은 특정한 다른 개인이 만든 것으로서 어찌 보면 접속한 사람의 성향에 따라 참여가 한정된 것이라 볼 수 있다.

3) 넥스트 웹의 공유 정신

넥스트 웹은 고객이 직접 콘텐츠를 만들고 소비할 수

있는 구조이다. 따라서 전문성과 다양성을 확보하고 콘텐츠 양방향 기술로 인해 고객이 직접 기업의 마케팅에 참여할 수 있게 하여야 한다. 고객이 기업의 웹 검색 사이트를 통하여 주소를 찾게 하는 방식보다는 고객에게 인터넷 콘텐츠의 공유 채널 중 하나를 선택할 수 있게 하는 고객만의 선택권을 주는 것이다. 이것이 지식을 공유하는 개념이며 거기에 롱테일로 더 많은 지식을 공유하게 만든다. 지식과 경험, 창조적인 사고는 동기적이며 공유되어야 한다. 예술가는 예술품을 통해 감정을 표현하고 과학자는 발명된 것에 의해 문제를 해결하고 공유하기를 바란다. 결국 모든 것은 공유를 위한 하나의 출발이다. 이익을 추구하는 세상 사람들의 눈에는 결국 이런 공유하고자 하는 정신도 돈에 의해 평가가 된다.

결국 특정한 예술품의 가치를 아는 사람처럼 공유 정신의 가치를 이해하고 평가를 하여 돈으로 공유 정신을 산다. 예술품의 가격과 과학자의 특허는 결국 그렇게 해서 보호된다. 세상의 공유 정신은 하나의 값어치를 이해하고 있는 집단을 가지고 있다. 그런데 중요한 것은 인터넷도 마찬가지로 공유를 위해 태어나고 값어치를 매기는 집단화가 진행되고 있다는 것이다. 앞서 말한 것처럼 가장 문제가 되는 것은 공유 정신을 들여다 볼 때 기준이 되는 것은 없는데 그 기준을 만드는 시도를 한다는 것이다. 결국 사람들에게 공유 정신에 내포된 자유를 강제적 수단으로 바꾸어 독점으로 몰아 가는 것이다.

인터넷이 이런 것을 절대적으로 허용해서는 안 된다. 독점이라 함은 공유를 하지만 특정한 집단이 공유의 대가를 완전한 기준으로 취한다는 것을 의미한다. 공유하는 지식이 결국 특정한 집단에 독점이 되어서는 안 된다는 것이 바로 인터넷의 공유 정신인 것이다. 그렇다고 공산당처럼 공유 정신을 이해하고 무차별적으로 사회 구성원들에게 이익을 나누라는 것은 아니다. 각각의 개인의 지식과 창조적인 것을 적당한 이익을 가지고 사회적인 분야에 기여를 하고 각각의 개성과 공익적인 판단에 공헌을 하면 되는 것이다.

그렇다면 넥스트 웹은 어떻게 공유 정신으로 구현되어야 하는가. 지능형 집단지성(Collective Intelligence)을 통해 사람들의 생활 환경을 개선시키고 그러한 서비스를 전문적으로 공유하는 것을 온톨로지(Ontology) 서비스라고 한다. 이런 것이 넥스트 웹의 목표가 되어야 한다. 모아지는 지능적인 데이터는 좀 더 개인적인 것을 생각해서 공유되는 공유 환경 맞게 사이버 스페이스를 만들어야 한다.

그런데 지금은 초보적이다. 또 인터넷의 그래픽이 발전하면서 공유되는 환경을 가상으로 만드는 것이 많아졌다. 그 중에서 대표적인 예는 Second Life, Warcraft, Synthetic World 등으로 아바타를 써서 되도록 픽션에 가깝게 표현하고 있다. 사실적인 구조를 통해 좀 더 인터넷의 공유 정신을 효과적으로 나타내려 하고 있다. 게임의 룰과 아바타를 통해 공유 정신을 나타내고 있다.

그런데 문제는 상업적인 구조를 만들어 게임 머니를 통해 상거래와 같이 가상공간에서 서로의 공유되는 부분을 값어치 있는 돈으로 계산한다는 것이다. 여기서 알아야 할 것은 결국 기존의 공유 정신, 즉 제품을 만들어 내는 생산자의 공유 지식을 활용하여 값어치를 사이버 머니로 따져서 그들만의 사이버 세상을 만든다는 것이다.

넥스트 웹은 창조적인 지식을 공유하고 그것을 정당한 값어치를 주고 사는 것이 중요하다. 그런데 이것들이 다른 웹과 다른 구조의 창조물과 연동이 되지 않으면 결국 독점 구조를 가지고 있는 한계에 부딪힌다. 그것이 문제이다. 결국 넥스트 웹은 다른 것과 다른 창조물과 거래가 일어나야 하며 하나의 웹 사이트에서 만들어지는 것이 다른 웹 사이트에서도 그 창조물 공유자의 값어치를 인정받고 사고 팔 수 있도록 만들어야 한다.

4) 개인 정보 보호

여기서 넥스트 웹이 가지고 있는 지식 공유 정신을 살리려면 두 가지 문제를 지적해야 한다. 한 가지는 지적 소유권이고 한 가지는 개인 정보 보호라는 차원이다. 우선 개인 정보 보호라는 것을 현재의 웹에서 고찰해 보겠다. 인터넷의 아이디와 이름은 사회적인 측면과 문화적인 측면을 가지고 있다. 즉, 사회적인 측면과 문화적인 측면에 따라 각각의 개인 정보를 다루는 것이 다르다.

예를 들어 일본 사람들은 직업적 문화, 즉 개인적인 측면이 굉장히 다른 구조를 가지고 있다. 그래서 일본은 굉장히 많은 공통 유저를 쓰고 있다. 일본의 문화적인 측면, 즉 사회적인 구성체를 먼저 생각하는 것이 인터넷에서도 반영되어 공통유저를 쓰고 있는 것이다. 그런데 인터넷의 사회적 네트워크 정보는 개인적인 정보를 써야 활성화되는 특징이 있다. 왜냐하면 하나의 객체가 좀 더 개인 정보를 가지고 있어야 좀 더 확장되고 연결되는 구조를 가지기 때문이다. 그래야만 사람들이 많이 인터넷을 쓰게 되는 것이다.

어찌 보면 개인 정보 보안은 인터넷 사회적 구조에서 보안 구조를 반대로 풀어야 하는 상황이 직면할 수 있다. 개인 정보들은 보안적인 측면에서 보호되어야 한다. 그런데 인터넷의 상황이 그렇게 되지 못하게 하고 있고 많은 개인 유저들은 걱정하고 있다. 이런 상황이 지식 공유를 저해하고 있는 요소 중에 하나이다.

예를 들어 일본의 인터넷 미디어에서 실제로 조사한 결과 전체 중에 70% 이상의 개인 유저들이 데이터 침해를 걱정하고 있다는 사실이다. 따라서 대다수의 인터넷 개인 고객은 공통유저(Anonymous)로 입력하여 블로그 등 인터넷 정보를 입력한다. 약 10% 미만의 고객만이 개인 정보를 쓴다고 한다. 결국 일본의 인터넷 사용자들은 스스로 공통 사용자가 된 것이다. 이런 현상은 인터넷을 거대한 불특정 다수가 놀고 가는 놀이터로 만들고 있다.

누군가 댓글로 욕을 달았는데 공통유저를 쓴 사람이 남긴 것이라면 그것을 당한 사람은 그 댓글을 마치 공통으로 쓴 전체가 한 것처럼 느낄 수 있다. 또 만약 그런 댓글을 인터넷과 사회적으로 성숙이 덜 된 아이들이 달았다고 할 때, 과연 댓 글로 인해 피해를 본 사람은 무엇을 생각할 수 있는가?

이런 현상은 인터넷에서 이름을 쓰는 문제에서도 마찬가지다. 조사에 의하면 50% 정도가 인터넷에서 진짜 이름을 쓰는 것이 두렵다고 한다. 검색엔진에서 검색하는 것조차 두렵다고 한다. 그래서 거의 대부분이 가상 이름(Screen Name)을 쓴다. 사람들이 다른 가짜 이름을 쓰고 인터넷에서 채팅하는 것은 바로 이런 두려움에서 시작된다. 그런데 한 가지 이해가 안 되는 것은 소셜 개인화 웹 사이트 페이스 북에서는 얼굴 포토를 보여 준다는 것이다. 이런 것들도 위험요소가 있어 범죄에 악용될 여지가 있다. 이렇게 관계를 중시하는 소셜 미디어에서는 개인 정보의 두려움보다는 관계에 의한 장점이 부각되므로 좀 더 많은 정보가 공유가 될 수 있다.

Anonymous(공통유저)라고 하는 어원을 살펴보면 다음과 같다. "an(ithout) onym(name)+ous" 이것은 블라인드 미팅처럼 서로 보지 못하는 사람끼리의 만남이라고 말할 수 있다. 좀 더 구체적으로 인터넷 지식정보를 공유하려면 진짜 이름을 가지고 진행되어야 한다. 공통유저의 복잡한 어원처럼 많은 사회적 객체들을 분류하여 접근권한과 보안등급을 주어서 인터넷 지식 공유를 할 수 있도록 진행하여야 한다. 보안등급을 두는 것은 결국 사회구조에서 친구 같은 객체를 만나서 공유정보를 좀 더 확대하는 것에 있다.

싸이월드의 일촌, 이촌 구조는 바로 이런 정보에 보안등급을 주어서 인터넷 공유 지식의 확대를 만들고 있다. 이런 것들에 보안등급을 줌으로써 좀 더 개인적인 정보를 인터넷에서 공유하게 하는 장점이 있다. 그런데 이것은 사회적 구조를 획일적으로 관계의 등급만을 만들어 세상과 오프라인에서 보이는 복잡한 사회적 구조를 인터넷에 구현하지 못하게 하는 단점이 있다.

이런 보안등급의 문제를 해결하기 위해서는 바로 사회적 구조를 웹 에이전트들의 관계에 투영시키며 관련 지식정보의 보안등급과 함께 같이 구현하여야 한다. 이것이 넥스트 웹이 가지는 구조여야 한다. 사회는 여러 가지 관계형 구조로 되어 있다. 같은 속성이 있는 그룹 사회구성체가 있고 여러 가지 다른 속성이 있는 구성체가 있다. 그리고 부모와 자식처럼 계층적인 사회구조를 가진 구성체가 있다. 또 이런 모든 것들을 같이 가지는 복합구성체가 있다. 또한 하나의 구성체가 다른 구성체로도 확장되어 같이 연동되는 그룹이 있다. 이런 사회적 구성 객체를 웹으로 표현하여 관계를 맺게 하는 것이 진정한 넥스트 웹이 가지는 속성이 되어야 한다.

마치 사회 속에서 관계를 맺듯이 넥스트 웹은 주체를 자기로부터 출발하여 관계를 갖게 하여야 한다. 아주 중요한 사실을 이런 관계가 다중으로 관계된다는 사실이다.

예를 들어 위에서 설명한 것처럼 필자를 보면 나는 할머니, 할아버지의 손자이며 아버지의 아들이다. 또 한 아들의 아버지이며 아내의 남편이다. 필자의 친구들의 친구이다. 이런 다중적인 필자가 가지는 이름은 손자, 아들, 아버지, 남편, 친구라고 불린다. 넥스트 웹은 이런 것들을 구성요소에서 나타내야 한다. 그래야만 진정한 지식정보를 각각의 관계 형태에 따라 정보를 주고 받게 하는 것이다.

5) 저작권 문제

소셜 네트워킹 서비스(SNS)의 구조 속에서 가장 크게 작용하는 문제는 저작권 문제이다. 저작권은 창의적 소산물에 대한 보호이며 이는 당연히 인정되어야 한다. 그런데 인터넷은 정보의 홍수 속에서 저작권 문제를 가지고 시비를 가리는 경우가 너무나 많다. 음악파일, 노래, 영화, 드라마, 소설, 디자인, 모든 창작물에 대한 것들에는 접근 권한 문제가 있어야 한다. 이것들은 등급이 있어야 하고 좀 더 좋은 질로 공급해야 한다. 그리고 창작물을 위한 좀 더 많은 커뮤니티를 만들어야 한다. 그럼으로써 좀 더 많은 청중과 창작물을 확보할 수 있다. 사람들의 창작물은 좀 더 많은 사람들의 관심과 동기를 부여받아서 많은 사랑을 받아야 한다.

그런데 이 모든 것이 불법적으로 접근될 때 어떻게 정의로운 법을 만들어야 할지를 알아야 한다. 만약 서로 다른 언어나 문화를 쓰는 경우에는 문제가 있다. 이것은 타 문화에 대해 좀 더 많은 시간을 투자하면서(번역과 해석을 하는 시간) 저작자가 노력해야 할 부분이 필요하기 때문이다. 만약 창작 언어를 해석과 번역하는 커뮤니티가 있다면 이러한 작가의 시간적 노력을 절약할 수 있다. 이것을 계산하면 번역하는 해외 커뮤니티가 창작물을 번역하는 시간을 기부하는 것이 된다.

이 원리는 좀 더 많은 문화적 인터넷 커뮤니티를 이용해서 저작권을 가진 것을 좀 더 많은 사람들에게 알리는 것이다. 물론 저작권에 대한 보호가 필요하고 그 보호 아래 어느 정도의 문화적인 그룹이 융합되어야 하는지에 관한 저작권의 융통성이 있어야 한다. 국경 없는 문화 산업은 문화의 독과점 파괴와 창조적인 문화를 통해 문화를 좀 더 다양한 측면으로 보게 만든다. 그리고 창조적인 소비자는 거울의 역할을 하며 생산적인 일을 하게 된다.

아시아는 하나의 생활권으로 많은 저작권 문제가 있다. 언어를 해결하는 것이 이제는 저작권의 허용과 문화와 언어 번역 커뮤니티를 이용한 그룹화가 되어야 한다. 이젠 이런 언어 그룹은 많은 그룹의 언어를 해석하고 많은 콘텐츠가 웹을 이용하여 보여 주고 있다. 현재 이런 그룹은 2,000개 이상 활동하고 있다.

6) E-book 전망

저작권이나 지식 공유 입장에서 또 하나의 넥스트 웹 이슈가 있다. 넥스트 웹으로 가려는 원칙 중에 하나가 얼마나 지식 공유를 쉽게 접근하는가에 대한 것이다. 그리고 전자책이라는 개념이 바로 그것이다. 이것이 이제는 도서 시장을 확대하고 있는 것으로 지식 공유가 유통의 개념으로 발전하고 있다.

현재 E-book 시장에서는 무료로 다운로드를 할 수 있다. 출판사는 유통을 목적으로 시장을 확대시키려고 하는데 결국 이익은 출판사가 갖지 못하고 유통사가 갖는다.

아마존의 킨들이나 아이폰 같은 스마트폰 등은 전자 출

판 시장의 기폭제로 작용하고 있다. 이런 단말기나 책은 전용으로 읽는 리더기나 뷰어 기능을 가지는 소프트웨어, 하드웨어 시장을 발전시키고 있다. 해외 전자책 시장은 매년 40% 이상 발전될 것이라는 전망이 있다.

그러나 현재 한국 시장은 11,000원짜리 종이책이 4,400원의 전자책으로 팔리고 있다. 전자책은 정가 제도가 없다는 것이 문제이다. 출판사가 회사를 모아서 전자책을 만들고 유통시키는 데 유통의 대가가 출판사에 오지 않는다.

더욱이 유통사가 전자책을 만드는 경우도 있다. 전자책을 제작하기 위해 유통사가 원본파일을 제작업체에 하청을 주는데 이런 파일들이 여기저기에 돌아다니면서 문제를 일으키고 있다. 굉장히 문제가 있는 구조이다. 이것은 미래의 넥스트 웹에서 절대 허락되지 말아야 한다.

이것을 해결하기 위한 방법으로 DRM(Digital Right Management)을 들 수 있다. 이는 디지털로 코드화시켜서 롱테일의 개념의 관리적 체계가 전자책에 붙어서 누가 사용을 했는지, 누가 다운로드를 했는지 알 수 있게 만든 것이다.

출판사는 표준 E-pub형태의 DRM을 국내용으로 일차 DRM만 만드는 것이 아니라 해외용으로 Adobe DRM을 이중으로 만들어야 한다. 유통사나 출판 관련 회사가 만드는 DRM을 이중으로 관리해야만 다운로드 횟수나 정보를 수정할 수 있는 것을 미연에 방지할 수 있다.

기존의 출판사는 종이책과 전자책을 서로 이용하여 마케팅을 할 수 있다. 전자책을 분할하여 페이지 수를 줄이고 간단한 홍보 수단으로 스마트폰에 올려서 볼 수 있게 하여야 한다. 또는 전자책 테스트 마켓을 온라인에서 할 수 있다.

그리고 넥스트 웹은 출판사의 유통 포털을 만들어 전자책 포맷을 만들어 유통을 시켜야 한다. 그렇게 해야만 기존의 오프라인의 에이전트와 저작권의 저작자가 살 수 있다. 이것이 공유되는 지식의 에이전트 원리다.

1 Chapter Free 서비스는 모든 블로그, 스마트폰에서 서비스 가격 비교를 정하는 것이다. 오디오 북이나 간단한 MP3를 통해 만들 수 있어 이동 시에 책을 들을 수 있다.

유통사가 결국 전자책에 대한 유통 마진 이전의 저작권 외에 출판권을 가지게 되므로 공유지식의 넥스트 웹 원칙에 위배된다. 그래서 출판사가 전자책을 만들면 저작권도 보호되고 결국 저작권에 합의하는 기능으로 지식을 공유할 수 있게 되는 것이다.

넥스트 웹은 관계형에 의해 저작권이 보호되고 유통될 수 있다. 기존의 출판협회라든가 전문 출판사들은 이제 멀티 관계형 웹에 의해 만들어져야 한다. 유통을 오프라인으로 하던 시대는 이제 지났다. 오프라인이 온라인화되면 온라인의 성격을 그대로 받아 들여야 한다. 출판사는 이제 서로 협력하여 마켓 플레이스를 개척해야 한다. 그것을 제대로 해낼 수 있는 것이 바로 넥스트 웹인 멀티 관계형 웹이다. 한 번의 전자책 입력은 수많은 관계형 웹 사이트에 보이고 판매가 가능해지므로 유통을 생각할 필요가 없다.

그래야만 아이패드나 킨들 같은 엄청난 파도를 넘을 수 있고 시대를 이끌 수 있다. 미국의 아이패드는 음악의 저작권 시장을 장악한 애플이 E-book 시장을 노리는 또 하나의 노림수다. 마치 쓰나미(Tsunami)처럼 준비하지 않으면 저작권을 가진 출판사들이 휩쓸려 갈 수 있다. 따라서 방파제를 만들어야 한다. 기존의 유통형태로는 방파제를 만들 수 없다. 넥스트 웹인 관계형 웹으로 엄청난 쓰나미를 준비해야 한다.

7) 정부의 정책과 넥스트 웹의 해결 방안

현재 정부는 강력히 개인 정보 유출에 대한 문제를 해결하려고 실명제를 다루고 있다. 그리고 이러한 일환으로 정부의 공인 기관에서 발급한 PIN 번호를 통해 모든 웹 사이트를 통제하려 하고 있다. 그러나 이것이 문제가 되는 것은 기존의 모든 사이트에서 관리되는 시스템을 다시 바꿔야 하고 또한 PIN 번호마저 누출될 염려가 있다는 것이다. 결국 지금의 이동통신사의 WIPI처럼 인터넷의 고립화 정책으로 국제화에 기반 기술을 만들어 내야 할 시점에서 정보통신 대국의 걸림돌이 될 가능성이 크다. 이것을 해결할 최선의 방안은 결국 인터넷의 구조를 바꾸는 방법이다. 고객, 포털 사업자, 정부, 기술업체, 세계 표준기관 등의 모든 영역에서 해당하는 당사자들이 모두가 만족할 수 있는 기술이 필요하다. 결국 양방향 웹 사이트와 멀티 인터넷 주소를 이용한 다중관계 넥스트 웹이 해결 방안을 만들어 낸다. 그리고 이것의 경제적 이득을 모두 가지게 될 것이다.

고객은 고객의 웹 사이트 등 다양한 형태로 모든 인터넷에 접근하며 편리하고 간단하게 자기가 필요한 정보만을 볼 수 있다. 사업자는 구분되는 고객의 정보에 따라 다양한 정보 서비스와 멀티 도메인을 활용하여 모든 정보가 많은 사람들에게 쉽게 보일 수 있도록 하며 이로 인해 광고의 효과가 늘어나 매출이 증가한다. 정부, 모든 기업과 고객들은 포털 등 웹 사이트의 관리가 쉬워지며 이 또한 세계 표준이 되면 한국의 정보통신 대국이 되는 데 일조가 된다.

또한 정부의 저작권법 개정안이 이번에 만들어졌다. 저작권법 개정안의 내용은 포털을 통해 저작권이 위배된 파일을 올리면 우선 정부로부터 3차례 불법복제물의 삭제 또는 전송 중단 조치를 받은 게시판이 저작권위원회의 심의를 거쳐 6개월간 게시판이 정지되거나 폐쇄되도록 한 내용이다. 기간이 1년에서 6개월로 줄었지만, 기간보다는 이 같은 내용 자체가 게시판 운영에 상당한 부담으로 작용할 수밖에 없다. 그런데 이렇게 된 원인이 중요하다. 이는 결국 포털에서 회원의 무분별한 가입을 받아 모든 서비스를 진행하기 때문이다. 이 저작권 문제를 해결하는 가장 큰 방법으로 결국은 넥스트 웹을 들 수 있다. 넥스트 웹은 관계형 웹을 쓰는 사람들의 웹에서 모든 책임을 지기 때문에 관리가 멀티 다차원으로 이루어진다. 만약 불법적인 파일이 오르면 바로 출처가 추적이 되기 때문에 이러한 형태는 인터넷 컨텐츠 산업에 가장 적합한 것이 된다.

WEB 2.0은 위에서 말한 것처럼 참여와 공유 정신을 나타내고 있다. 결국 이런 참여와 공유 정신이 산업의 가장 큰 이슈이지만 이것이 상업화되기에는 수많은 걸림돌이 있다. 왜냐하면 참여 정신이 있는 사람들의 한정된 적극적인 참여를 통해서 정보 생산이 이루어지므로 결국 참여한 사람들에 의해서 정보가 생산되면서 그것이 왜곡되고 그것을 통제하지 못하기 때문이다. 이러한 문제는 참여되는 정보들이 하나의 인터넷 도메인에 의해 정보가 공유가 되며 하나의 도메인을 관리하는 업체에 등록된 사람만이 볼 수 있고 관리되지 않은 사람들이 정보 생산에 참여하여 잘못된 방향으로 나갈 수 있다.

넥스트 웹은 이런 문제를 해결하고 기존의 인터넷의 기술을 한층 더 업그레이드 시키어 차세대 웹 기반 원천 기술로 나아갈 것이다. 이 기술은 멀티 인터넷 도메인을 사용하기 때문에 우선 Open 성격을 가지고 있어야 한다. 누구나 참여가 가능하고, 한 개의 도메인에서 이루어지지 않으므로 더욱더 많은 사람들에게 정보를 공유하게 만들 수 있다. 두 번째 이것은 정보 보안의 지적 재산권, 개인 정보 유출의 문제를 해결할 수 있다.

기존의 모든 이런 문제는 위와 같이 하나의 도메인, 즉 단일 회사에서 관리하는 한정된 사람들이 전체의 수많은 정보를 관리하고 감독하였고 단순히 가입자만을 늘리는 이런 형태에서 단순하게 ID를 가진 사람들이 지적 재산권의 문제를 만들었다. 그리고 이러한 문제를 멀티 도메인을 가진 넥스트 웹은 다중 관계 웹 기술을 이용하여 개인 웹 사이트를 여러 사이트와 관계를 통하여 만들고 이것을 통하여 개인 정보, 지적 재산 등을 스스로 보호할 수 있게 만든다.

3. Simple User Interface
(간편한 사용자 환경)

1) 유비쿼터스의 웹

넥스트 웹이 가져야 할 또 하나의 요소는 간단해야 한다는 것이다. 새로 디자인된 단말기, 통신기기 등은 모든 사용자 측면에서 학습효과가 필요 없어야 한다. 천억 개 이상의 이동 통신 단말기가 네트워크로 연결된 구조에서 복잡하게 연결된다면 유비쿼터스 웹은 참 어려운 것이 될 것이다. 그 이유는 많은 단말기가 가지는 IP와 연결되는 또 다른 연결 구조를 만들어야 하기 때문이다. 그리고 이동 통신 단말기, RFID 등의 수많은 이동 통신 단말기가 폭발적으로 증가하고 있고 인터넷 전화(VOIP), 인터넷 TV(IPTV) 등 다양한 인터넷 주소 체계(IP BASE) 기술들이 늘어나고 있는데 반해 인터넷의 관문이라 하는 검색 시스템은 여전히 컴퓨터(PC)의 사용자(GUI) 환경을 가지고 있기 때문이다. 검색 단어 위주의 검색 방법은 결국 키보드가 없는 이동 통신 단말기에서는 더욱 힘들게 접근하게 되며 더욱이 IPTV는 키보드가 없는 리모컨의 형태여서 검색하는 방법에 대한 개선이 필요하다. 특히 이동 통신 단말기는 많은 통신사들의 WAP 프로토콜에 따라 각 통신사 콘텐츠가 다르므로 이것을 해결할 수 있는 방법이 필요하다.

더욱이 스마트폰도 마찬가지이다. 아이폰, 안드로이드폰, 블랙베리 등 수많은 기종들이 나오고 있고 모두다 사용자 환경이 제 각각이다. 따라서 이런 모든 사용자 환경을 연결할 수 있는 새로운 체계가 필요하다. 이것이 넥스트 웹이 해결해야 할 과제이다.

이것은 수많은 인터넷 데이터 간의 소통의 문제를 발생시키며 궁극적으로는 웹 검색엔진의 필요를 대두시켰다. 따라서 유비쿼터스 웹은 고객이 접근하고 고객이 쉽게 쓸 수 있는 구조가 되어야 한다. 정보통신의 발달로 많은 정보통신 단말기가 생기면서 웹에 연결하여 단말기 키보드의 기능상 웹 사이트를 찾는 것은 많은 시간을 필요로 한다.

그리고 많은 웹 사이트가 생기면서 쉽게 찾아가는 문자 형태의 주소가 이미 등록되어 있거나 부족하게 되었다. 그래서 많은 문자를 인터넷 주소에 등록하게 되었는데 이것은 정확한 인터넷 주소를 모르게 만들면서 고객이 관련업체의 인터넷 주소에 찾아오는 것을 어렵게 만들었다. 같은 상황으로 이메일 시스템도 마찬가지이다.

2) 새로운 인터넷 주소체계

따라서 이러한 문제를 해결하기 위해서 만든 넥스트 웹은 웹 사이트 콘텐츠의 수정관리와 전문성과 다양성을 통해 분석 가능하게 하게 하여야 한다. 그리고 각각의 웹 사이트가 여러 채널을 통해 확보되는 콘텐츠를 추가할 수 있게 하며 주소를 몰라도 쉽게 관련된 정보, 전화번호나 주소, 업종, 종류 등을 알면 찾아갈 수 있게 웹 사이트를 만들어야 한다. 특히 지금의 웹은 주소체계를 사람들과 약속을 만들어서 복잡하게 만들었다. 상업적 도메인은 'COM'이고 비상업적인 도메인은 'ORG'으로 구분한다. 또 나라별 주소체계 등 수많은 주소체계가 생겼다. 이제는 인터넷 주소를 알려면 매뉴얼이 필요하다. 그러므로 넥스트 웹은 간단한 인터페이스로 되어 있어서 매뉴얼이 필요 없도록 만들어야 한다.

예를 들어 기존의 전화번호 정보는 이미 컴퓨터나 정보통신 단말기에 저장이 되어 있거나, 쉽게 어디에서나 찾을 수 있는 정보이다. 넥스트 웹은 이런 전화번호 체계 그대로 웹 사이트 체계로 변환시키면 된다.

그렇게 되면 매뉴얼의 체계를 모르고 검색엔진이나 기존의 어떤 도메인 체계를 모르더라도 쉽게 웹 사이트 정보에 접근할 수 있다.

넥스트 웹은 웹 사이트의 콘텐츠 수정관리와 전문성과 다양성을 통해 분석 가능하게 하고 각각의 웹 사이트가 여러 채널을 통해 확보되는 콘텐츠를 추가할 수 있게 하며 쉽게 주소를 몰라도 관련된 정보 전화번호나 주소, 업종, 종류 등을 알면 찾아갈 수 있는 기술이다. 특히 기존의 전화번호 체계 정보는 이미 컴퓨터나 정보통신 단말기에 저장이 되어 있고 쉽게 어디에서나 찾을 수 있는 정보이기 때문에 이 신 개념의 다중 관계형 다차원 사이트는 전화번호 체계를 웹 사이트 체계로 변환시키는 기술이 되는 것이다. 그럼으로써 한 개 이상의 웹 사이트를 쉽게 데이터베이스나 정형화된 콘텐츠로 만들어 동일한 콘텐츠로 복사, 공유, 추가된 다른 인터넷 주소를 쓰는 웹 사이트로 만들 수 있는 이 기술이 각각의 인터넷 주소에 전화정보 혹은 관련된 정보를 넣어 쉽게 찾을 수 있게 한다.

그리고 이동통신단말기 전화번호를 써서 이메일 주소도 가능하게 하는 것이다. 또 각각 업체에서 다른 인터넷 주소를 가지고 있는 고객만의 웹 사이트를 만들 수 있다. 각각의 제품생산업체 웹 사이트 콘텐츠에 연결되어 추가, 수정되는 신 개념은 고객에게 새로운 채널을 제공한다. 그리고 업체의 입장에서는 다양하고 수정관리가 쉬워지는 인터넷 기술을 가지게 된다. 그리하여 모든 기업 웹 사이트 간의 관계를 중시한 다중관계 객체 관계형, 네트워크 관계형, 단일, 확장 관계형, 계층 관계형 , 복합 관계형은 서로 협력되는 모델이므로 기업에서 매출의 증가로 이어진다. 따라서 멀티 인터넷 주소를 이용한 다중관계 넥스트 웹은 기업에서는 절대 필요한 것이다.

이러한 넥스트 웹의 간편한 사용자 환경은 이동통신사업자와 연동이 되어 인터넷 검색이나 인터넷 통신 시스템의 구조, 스마트폰과 같은 단말기를 일대 혁신할 수 있는 기술이다.

앞에서 기술한 것처럼 이동통신 단말기에 저장된 전화번호를 이용하여 모든 비즈니스나 특히 한국 전화번호부와 연동하여 기존의 모든 사업장과 공공기관의 웹 사이트를 이동통신사와 연결, 전화번호만 알면 웹 사이트를 찾아가게 하는 기술을 만들 수 있다. 웹 이메일의 포털 형태에서 메세징이 결합되고 이동통신사와 연동된 새로운 개념의 인터넷 웹 이메일의 포털을 만들 수 있으며 이것은 스팸 메일이 관계형에 의해 근절되고 이동통신사 단말기와 연동이 된다는 것을 의미한다.

3) 스마트폰과 모바일 인터넷의 간편한 사용자 환경

모바일 인터넷은 간편한 사용자 환경도 중요하지만 사용료도 중요한 요소이다. 일본의 모바일 인터넷 시장 점유율은 한국을 능가한다. 그 이유는 간단하다. 예전에 한국은 사용료가 평균적으로 시간당 만 원 정도였다. 반면 일본은 평균적으로 한 달에 만 원 이상이었고, 미국은 3만 5천 원 정도이면 무한대로 모바일 인터넷을 쓸 수 있었다. 모바일 인터넷 시장은 사용료로 시장이 형성되지 않으면 결국 기술은 진보되지 않는다. 그래서 지금 한국 이동통신회사들은 정부의 모바일 시장 정책에 따라 더욱 저렴한 정책으로 전환하고 있다.

간편한 사용자 환경은 기본적으로 사용료의 문제가 해결되고 시장이 해결되었을 때 사람들에게 영향을 준다. 이동통신 단말기의 문제, 즉 무선 인터넷을 어떻게 간편한 사용자 환경으로 접근할 것이냐를 보아야 한다. 복잡하면 사용자가 구매를 하지 않고 이것은 결국 매출을 감소시킨다. 그리고 이 정도가 되면 무선 인터넷을 쓰지 않아 다시는 단말기를 구매하지 않게 되고 모바일 인터넷 시장이 줄어들게 된다.

지금은 다행이 이런 간편한 사용자 환경의 개념으로 모바일 단말기가 많이 나와서 시장을 선도하고 있다. 그리고 간편한 사용자 환경의 개념을 제대로 받아들인 것이 아이폰이다. 아이폰은 디자인의 개념과 사람의 감성이 원하는 간편한 사용자 환경을 만들어 유무선 인터넷을 통합해 낸 것이다. 그래서 사람들은 이것에 열광한다. 디자인과 간편한 사용자 환경을 이동통신 단말기에 접목시킨 것을 매일 감탄하면서 정보에 접근한다.

결국 미래형 단말기는 스마트폰을 쓰는 커버전스(Convergence) 모바일폰 시장에서 형성될 것이다. 앞으로 간편한 사용자 환경으로 갈 수 있는 스마트폰 시장의 연 평균 성장률은 14% 정도이다. 현재 노키아가 40%, 블랙베리가 20%, 아이폰이 12% 정도의 시장 점유율을 가지고 있다. 아이폰이 단숨에 12%의 점유율을 가진 것은 간편한 사용자 환경의 힘이다. 순수익구조 면에서는 이젠 단연 앱스토어 때문에 애플이 앞서고 있다. 이 시장은 브라질, 인디아, 중국 등으로 그 규모가 커지고 있다. 이제는 스마트폰을 이용한 간편한 사용자 환경이 모바일 시장을 선도할 가능성이 있다.

이렇게 무선 인터넷과 스마트폰의 모바일 데이터 시장은 매년 14% 증가하고 있다. 거기에 3G, LTE 인프라를 통한 정보 서비스를 통해 시장은 더욱 폭발적으로 증가할 것이다. 반면 단순 모바일폰 시장은 겨우 4%씩 한국에서 증가한다고 한다.

2009년 모바일폰의 시장 점유율을 대략 살펴보면 노키아가 38%, 삼성이 19.2%, 엘지가 11% 정도이다. 한국산이 30% 이상을 차지하고 선전하고 있다. 향후 일반 모바일폰 시장은 킬러 애플리케이션이 나오지 않는 한 선전하기 힘들다. 단순 모바일폰은 유무선 인터넷 통합인 간편한 사용자 환경으로 만들어야 한다.

통신사업자들이 살아 남으려면 간편한 사용자 환경 정책으로, 인프라만을 생각하지 말고 통신사 위주의 불균형적인 데이터의 흐름을 고객에게 돌아가게 하여야 한다. 고객이 스스로 쉽게 데이터를 생성케 하여 모바일 데이터를 통한 모든 인프라를 관리하여 주는 시스템에 주력하고 고객에게 어떻게 데이터가 가는가를 서비스하는 기능을 확보하여야 한다.

소비자 파워가 아이폰의 사례를 보면 알 수 있듯이 이젠 이동통신회사가 아닌 회사가 정보를 장악하는 시대가 되었다. 결국 소비자는 간편한 사용자 환경을 원하고 있다. 스마트폰의 간편한 사용자 환경이 말하는 것은 넥스트 웹이 가야 할 길이다.

4. Synchronized Platform
(동기적 연결의 플랫폼)

1) 비동기적 플랫폼인 검색엔진

　　미래에 사람들은 네트워크 속도만을 바라는 것이 아니라 모든 것이 유기적으로 가는 동기적인 플랫폼을 필요로 한 것이다. 그렇게 되려면 동기적인 데이터가 웹으로 오고 가고 해야 한다. 동기적이라는 것은 쉽게 말하면 어느 한 곳에서 데이터를 수정하면 또 다른 곳에서 자동으로 수정이 되는 것이다. 예를 들어 웹을 소비자와 생산자로 나눌 때 생산자가 정보를 수정하거나 입력하면 소비자가 보는 화면에서 수정된 것이 보이는 속성이다.

그런데 기존의 검색엔진이 있는 웹 사이트는 동기적인 데이터가 있는 것이 아니라 비동기적인 인터넷 주소만을 나타내고 있다. 그 이유는 검색엔진의 자체 저장고가 있어서 인터넷 생산자가 주소를 수정을 하면 소비자가 검색하는 검색 결과는 옛날 주소를 그대로 보여 주기 때문이다. 그리고 시간이 흘러서 저장고에 있는 데이터가 수정되면 그때 정확한 주소가 보이는 것이다. 이것은 다시 검색 사이트에 나타나 있는 검색 결과를 확인하는 수고를 가져왔다. 하이퍼링크로 연결된 주소로 들어가야만 정보를 확인하는 이중적 구조로 검색 결과를 보여 주고 있다.

최근 들어 인터넷은 수많은 정보를 쏟아 내고 있으며 정보의 홍수를 이루고 있다. 많은 사람들이 정보를 검색하거나 찾을 때에 특정한 검색 사이트에서 연관 단어를 통해 정보를 찾아보는 것이 지금의 정보 검색 수준에 지나지 않는다. 또한 막상 검색 정보를 연관 단어로 찾더라도 자기가 원하는 정보를 찾기란 그리 쉽지가 않다. 그리고 관련된 정보 중에 실생활에 유용한, 살고 있는 지역 정보를 찾기가 힘들었다. 그 이유는 특정 검색엔진은 인터넷 검색 로봇에 의해 서버에 모아지고 저장된 인덱스에 불과하기 때문이다. 고객은 찾고자 하는 정보를 좀 더 직관적으로 광범위하게 찾기를 원한다. 그러기 위해서는 많은 시간을 들여가면서 검색 사이트에 있는 인덱스 정보를 조사를 해야 한다.

그런데 문제는 이런 모든 문제가 구조적으로 인터넷 검색 사이트에 있음에도 불구하고 많은 검색 사이트는 광고에 의존하여, 검색 정보의 충실성보다는 광고 위주의 정보를 보이는 것에 최대 목표를 두고 있다는 것이다. 그리고 모든 사람들이 이제는 인터넷의 검색 정보에서 만들어진 정보의 신뢰 수준을 좀 더 낮게 생각하거나 찾는 방법이 너무 어려워 인터넷 검색엔진을 통하여 검색 정보를 찾는 것을 포기하는 경우가 생긴다는 것이다.

이것은 현재 검색된 정보에서 나오는 것들이 모두다 인덱스 수준이 되어서 특정한 인터넷 도메인 정보가 보이기 때문에 다시 그 정보를 들어가서 확인해야 하는 시간이 필요하다. 또 그 인터넷 도메인만을 의지하는 검색엔진과 그 사이트에 광고료를 내는 알 수 없는 웹 사이트 정보가 보이는 것이 되기 때문에 인터넷의 입구인 검색을 하는 입장이나 검색을 만들어 가는 입장에서 많은 인터넷 정보의 콘텐츠 수준이 답보 상태에 있게 되는 것이다.

그리고 인터넷 웹 사이트를 만드는 입장도 마찬가지인데 기존의 브라우저는 현재 웹 서버에 있는 파일만을 단지 보여 주는 기능만을 하는 것이 전부였다. 실제로 많은 사람들이 정보를 올리거나 정보를 만들어 웹 사이트에 올리려고 해도 웹 사이트 에디터에 들어가 만들거나 일정한 프로그램으로 웹 사이트 파일을 만들어 기존의 브라우저에 반드시 테스트하여만 했다.

결국 이것은 인터넷의 소통의 문제를 가져와서 사람들은 정보를 몇 개의 웹 사이트에 국한하여 매일 웹 사이트 정보를 보거나 올려서 한정된 웹 사이트가 독점하는 현상을 발생시켰다. 이것은 인터넷 산업에 심각한 문제를 일으키고 결국 특정한 검색 사이트가 많은 정보를 갖게 되는 문제를 가져온다.

더욱 문제가 되는 것은 많은 사람들이 검색엔진을 통해 찾았던 정보가 단지 인덱스의 위치, 즉 순서를 결정하는 요소만으로 되어 있고 광고비를 낸 업체의 검색 정보가 앞으로 올라가 관련이 없는 사람들이 정보를 찾아 가는 데 많은 시간이 걸리는 것이다.

2) 넥스트 웹의 동기적 플랫폼

이런 문제를 해결하는 넥스트 웹은 우선 좀 더 많은 검색 내용을 사람들에게 직관적으로 보이고 인덱스처럼 다시 웹 사이트를 링크하는 비동기적 구조가 되지 않도록 해야 한다. 그렇게 하려면 각자의 인터넷에 관련된 정보를 올리고 좀 더 동기적이고 전문적이고 세분화된 정보가 필요하다. 그런데 지금까지는 검색 시스템 자체가 표방하는 종합적인 포털 성격 때문에 단지 인터넷의 검색 시스템은 하나의 단어에서 나오는 포털에 관련된 정보만을 보여 주는 것이 한계였다. 그리고 검색 정보가 단순히 비동기적이어서 관련 검색 언어의 정보가 일정한 형식을 갖지 않았다. 따라서 검색 정보를 만드는 입장이나 소비하는 입장에서 많은 개선이 필요하다. 또한 이러한 데이터는 시간과 공간에 제약을 받음으로써 일정한 데이터가 주기적으로 업데이트가 안 되고 있고 공간의 한계나 검색하는 방법에 한계가 많았다. 특정한 웹 사이트에 들어가야만 검색이 가능하여 많은 불편이 있었다. 그리고 공간적 정보도 필요한데 이미지나 동영상, 지도, 멀티미디어 같은 것으로 사람들이 알아보기 쉽게 검색을 할 수 있게 하여야 하는데 지금까지는 검색 정보가 텍스트 위주로 되어 있는 것이 문제였다.

이런 문제를 해결하려면 넥스트 웹은 인덱스 수준의 인터넷 도메인만을 나타내는 검색 결과보다는 보다 다양하고 전문적인 표현 양식을 가져야 된다. 넥스트 웹이 표현하는 검색 결과는 이런 정보를 한번에 직관적으로 보여 줄 수 있어야 한다. 결국 넥스트 웹 검색엔진은 기존의 검색엔진처럼 단어 위주로 검색되는 검색엔진으로는 동기적인 정보를 만들 수 없다. 기존에 많은 사람들의 전문 분야와 각각의 지역 사업장에서 쓰이는 운영 시스템인 POS, ERP, 인트라넷, 전자 상거래, 웹 사이트 등에서 연속으로 데이터가 유지•관리되고 동기적으로 나오는 데이터가 검색의 중심을 이루며 클러스터 형으로 여러 분야에서 나오는 협업의 개념으로 인터넷 검색 시스템을 만들어야 한다.

이것은 기존의 많은 시스템을 융합하는 역할을 하게 만들며 기존의 각 산업 현장에서 개발된 IT 시스템들에서 만들어진 데이터를 넥스트 웹으로 융합하게 만든다.

이를 위해서는 다음과 같은 해결해야 하는 과제가 필요한데 첫 번째로 검색 정보의 전문성과 충실성, 융합성, 편리성을 가져야 한다. 두 번째 이것을 이용하는 보다 많은 전문 분야, 지역 분야 클러스터 간의 계층들이 다양하게 이루어져야 한다. 세 번째는 이런 정보를 이용하는 여러 이동 통신 단말기, IPTV들의 통합성과 접근성이 보다 쉽고 단순한 유비쿼터스 인터넷 검색엔진이 되어야 한다. 네 번째는 이 정보를 이용한 응용성과 상업성이 뛰어나야 한다. 다섯 번째는 기업 및 사업장의 운영 시스템과 연결되어 융합적인 성격을 띠고 인터넷 검색 데이터가 동기적이어야 하며 시간과 공간을 초월한 것이 되어야 한다. 여섯 번째 개인의 정보, ID, Password와 저작권을 보호하고 검색 정보 생성이 가능하여야 한다.

이렇게 되면 일대 산업의 혁명으로 모든 데이터가 동기적 순환을 하게 되는 것이다. 예를 들어 카드 결제 등 기존의 암호가 떨어져 있는 부분을 이것으로 개선하면 가장 좋은 점은 모든 이동통신 단말기, RFID, 홈 오토메이션, 빌딩자동화 등이 인터넷으로 연결되어 모든 기능, 데이터가 웹 사이트화되면 다차원 다중관계 기술로 동기적으로 연계가 된다는 것이다. 이것은 일대 혁명적인 것이며 자체 OS나 Sender가 포함된 전송서버가 필요 없게 되고 리얼타임으로 모든 정보가 연계가 되며 이러한 성격이 아주 강하게 산업을 융합하게 된다.

3) 스마트폰과 모바일 인터넷의 동기화

무선 인터넷 시장 그룹은 크게 4단계로 나눌 수 있다.

첫 번째는 콘텐츠 미디어 소비자 그룹, 두 번째는 콘텐츠 서비스 그룹, 세 번째는 이동 통신사업자 그룹, 네 번째는 하드웨어 단말기 그룹이다. 이 중 무선 인터넷의 동기화가 절실한 그룹은 첫 번째, 두 번째 그룹으로, 연결하는 고리를 통신사업자와 하드웨어 단말기 인프라 그룹을 거쳐야 하기 때문이다. 무선 인터넷의 이런 구조에 대해서 통신사 그룹이 인프라를 최대한 이익을 가지는 무선 인터넷 활성화 방안을 동기화(Synchronized) 관점으로 지금부터 논해 보겠다. 우선 수익 배분 가이드 라인이 있어야 한다. 콘텐츠의 속성상 수익 배분은 중요한 기준이 된다. 이것은 변하면 안 된다. 연동하는 것이 동기적이면 관련된 수익이 고르게 분배가 되어야 한다. 그래서 콘텐츠 수익을 나누는 것은 모바일 인터넷, 즉 넥스트 웹의 가장 큰 발전요소이다.

두 번째 물리적인 망 개방 진행이다. 참고로 WAP이라는 프로토콜은 이동통신사마다 기준이 달라 서로 동기적이 안 된다. CP(Content Provider)들한테는 이런 구조가 각각의 이동통신사 기준 내용을 진행하므로 다시 콘텐츠를 만들어야 하는 것이 필요하다. 동기화 문제는 한 번에 데이터가 고객한테 가야 하는데 이동통신망의 문제 때문에 콘텐츠 제공자들이 다시 데이터를 이동통신망에 맞추어 보내야 하는 작업으로 인해 발생된다. 이것은 동기화의 개념이 아니다. 그래서 아마도 망 개방과 같은 통신 인프라가 콘텐츠 발전에 영향을 주는 것이다. 우리나라는 이런 구조에서 모바일 인터넷 콘텐츠가 발전한 것이 아니라 유선 인터넷의 인프라가 발전했다.

그런데 일본은 다르다. 무선 인터넷이 발전하였다. 우선 앞서 이야기했지만 일본은 무선 인터넷을 쓰는 데이터 비용이 굉장히 저렴하다. 그러나 무선 인터넷의 보급률이 증가한 것은 단순히 그런 이유만은 아니다. 유선 인터넷 브로드밴드(Broad Band)의 지연이 가장 문제가 된 일본은 차선책으로 무선 인터넷을 발전시켰다. 아마도 섬나라인 관계로 섬끼리 연결하는 것이나 비용적인 측면에서 무선 인프라를 설치하는 것이 더 합리적이었을 것이다. 이렇듯 통신 인프라는 콘텐츠의 종류에 간접적으로 영향을 준다.

예를 들어 일본에서는 이동통신 단말기를 이메일과 연동하여 쓰도록 해서 사람들은 이를 많이 사용하고 있다. 이는 이동통신사의 i-mode를 집중적으로 발전시킨 것이다. 그리고 모바일 인터넷의 데이터 정액 요금제뿐만 아니라 다양한 연령층의 이용자 기반을 확보하였다. 여기에 자생적 모바일 단말기를 이용한 광고 시장이 형성되어 모바일 콘텐츠가 역동적으로 발전되었다.

또 다른 모바일 인터넷의 동기적인 구성 요소는 바로 개방형 플랫폼이다. 미국의 예를 들자면 모바일 단말기 스마트폰을 통한 풀부라우징 인터넷 시장이 초기에 형성되기 시작하였다. 가장 대표적으로 아이폰은 WIFI를 통해 인터넷으로 접속하는 풀 부라우징(Full Browsing) 개방형 플랫폼을 구현하였다. 여기서 WIFI는 또 다른 형태의 무선 인터넷 접속 방법인데 기존의 인프라를 최대한 활용하여 개방형 플랫폼을 만든 것이다.

이런 동기적인 방향으로 모바일 인터넷과 접속하는 방법은 여러 가지가 있다. 첫 번째 콘텐츠는 'Myspace'이다. 개인화 웹의 영향과 모바일의 장점을 통해 Myspace는 동기적인 장점을 최대한 살려 낸 것이다. 두 번째로는 동기적 플랫폼인 앱스토어이다. 고객인 소비자와 생산자인 서비스 제공자들이 동기적으로 중간에 애플을 통해 동기적으로 연동된 오픈 플랫폼인 것이다. 세 번째로는 터미널처럼 인프라를 동기적으로 이용하게 하여 고객에게 감성을 최대한 살려 전달하는 블랙베리도 한 축에 속한다. 이런 모든 것들이 동기적으로 연동되어 네트워크로 구성되어 모바일 인터넷 시장을 선도하는 것이다.

한국은 무선 인터넷 시장이 10%밖에 성장이 안 되었다. 모바일 인터넷의 수요는 없고 단말기도 없고 결국 이익을 회수하는 비율은 17%밖에 안 된다고 한다. 결국 이동 통신 회사들은 모바일 인터넷을 위한 정액제 요금을 확대하는 것에 소극적이 된 것이다. 시스템 인프라가 동기적으로 변하지 않으니 당연히 킬러 콘텐츠가 창출이 되지 않는 것이다. 이렇게 동기적인 인프라의 순환적 구조에서 무선 인터넷이 발전되어야 하는데 이것이 문제이다.

여기에 모바일 콘텐츠의 공정 경쟁 환경을 조성하고 콘텐츠 제작 및 유통 개선을 해야 한다. 그리고 개방형 콘텐츠 플랫폼에 조기 적용할 수 있는 환경을 인프라적으로 조성하고 개선하여 모바일 콘텐츠 사업자의 경쟁력을 확보하여야 한다. 또한 이런 이용자 위주의 환경 구축과 요금제를 만들어야 한다. 그리고 인프라적으로 무선 광대역 양방향 서비스를 통해 인터넷 망으로 고객과 콘텐츠 서비스 사업자와 동기적으로 연결되어야 한다. 콘텐츠의 요금 인하가 수요를 창출하며 플랫폼을 만들고 플랫폼이 단말기와 모바일 네트워크로 동기적으로 연결되어 수요가 창출되는 것이다. 그러므로 요금 인하가 무선 인터넷을 활성화시켜야 한다. 단말기의 수요 창출은 동기적 콘텐츠 인프라가 만들어 내는 것이다.

　또한 새로운 무선 데이터를 이용한 동기적 융합 서비스를 발굴하는 것도 중요하다. 의료, 교육 분야 등에서 서로 간 동기적으로 연동되어 모바일 인터넷 시장을 선도하게 할 수 있다. 고객과 서비스 사업자의 동기적 서비스는 무선 데이터의 트래픽을 증가시키고 무선 데이터 시장이 발전되는 것이다.

5. Smart Paradigm (지능화 개념)

1) 시맨틱 웹

넥스트 웹에서의 화두는 시맨틱 웹이다. 시맨틱 웹은 한마디로 기계-컴퓨터가 인터넷을 인식하는 웹이다. 이것이 스마트, 즉 지능형 인터넷이 되어야 한다. 그러기 위해서는 우선 인터넷의 모든 데이터를 기계, 즉 컴퓨터가 알아서 인지하고 판단해야 한다. 인터넷 웹 서버의 프로그램 등은 시맨틱 웹을 이루기 위해 다른 형태로 이루어져 있다.

이런 시맨틱 웹은 XML 기반이나 RDF 기반으로 코딩이 만들어지고 스스로 표현하는 문서 형태로 이루어지는 것이 특징이다. 이것을 좀 더 확장하여 정의하면 웹 상에서 정보와 서비스의 의미가 정의되고 웹 데이터를 사용하기 위한 인간과 기계의 요구를 웹이 이해함으로써 사용자가 만족할 수 있도록 하는 웹의 확장 개념이라고 할 수 있다. 좀 더 기술적으로 정의를 하면 기계가 인식 가능한 상호 운영적인 컨텐츠를 생산하고 유통하기 위한 특정한 표준들의 집합이라고 한다. 여기에 관련된 표준들은 다음과 같다.

XML, RDF(Resource Description Framework), RDFS(Resource Description Framework Shecma), WOL(WEB Ontology Language) 등이 있다. 이와 같이 시맨틱 웹은 응용 프로그램이나 서비스가 아닌 인프라라 할 수 있다. 웹 데이터 내에서 경직성과 애매성이 생기지 않도록 경직된 DB 스키마 대신 로직(Logic)과 온톨로지를 이용하여 서비스 대상을 모델링하는 것이다. 온톨로지 모델링은 주어진 데이터나 메타 데이터를 분석하고 서비스 대상이 되는 개념들을 분석하여 서비스 대상이 되는 개념들을 도출하고 이들 간에 관계를 명시적으로 표현하는 절차를 거친다. 온톨로지 상에서 정의되지 않은 관계 중 서비스에 필요한 것들을 사용자 정의 규칙 추론에 의해 도출해 내는 것이다.

특히 정보 통신 신기술 개발을 통해 모든 인터넷 서버와

172

도메인 서버의 속도와 용량이 증가되고 많은 기술이 나와 클라우드 컴퓨팅 개념이 등장하고 있다. 결국 기존에 여러 개의 서버를 이용하여 만들었던 기술이나 DNS 서버를 일정하게 연결하게 하는, 많은 인터넷 정보를 공유하는 기술이 늘어나면서 시맨틱 웹에 의한 인공 지능형 지식 산업 활성화가 점점 가능해지는 시점이 된 것이다.

인공 지능형 지식 검색이나 시맨틱 웹이 넥스트 웹으로 발달하려면 기존의 관련 웹 소스를 위주로 한 새로운 패러다임이 필요하다. 시멘텍 웹은 XML 기반이나 RDF 기반으로 코딩을 만들어야 되었지만, 데이터베이스화된 웹은 HTML 기반을 그대로 활용하여 만들 수 있다. 이것이 가능한 것은 데이터베이스화된 웹은 기존의 웹 사이트를 구조적으로 분해하여 관련된 자원과 속성값을 그대로 데이터베이스화된 웹 도메인에 표현이 가능하고 또한 이것을 데이터베이스화된 웹으로 묶어서 HTML 기반으로 메타 데이터를 활용하여 원하는 기능을 활용할 수 있기 때문이다.

이것은 기존의 시멘텍 웹이 가지는 XML 기반과 RDF를 포함할 수 있고 기존의 시맨틱 웹과 병행하여 쓸 수 있다. 기존의 시맨틱 웹은 스스로 표현되는 문서 XML과 RDF를 기반으로 만들어져야 하는데 이것은 수많은 웹을 공통적으로 바꾸어야 이루어질 수 있는 기존의 웹과 별도의 코딩과 웹 시스템 체계를 바꾸거나 메타 데이터를 만들어야만 이루어질 수 있는 것이 문제이다. 이러한 문제는 많은 시간이 흘러야지만 기존의 웹을 지능형 웹으로 바꿀 것이다. 따라서 이러한 문제를 해결하기 위해서는 새로운 중간 형태의 시맨틱 웹을 구현하는 기술이 필요하며 전 세계 모든 사람들이 현재의 웹 소스를 그대로 활용하여 만들 수 있는 차세대 넥스트 웹 기술의 출현이 필요한 것이다.

이러한 형태의 시맨틱 웹이 되려면 기존의 DB 스키마로는 응용 프로그램에서 나오는 논리 도출이 쉽지 않은데, 이는 DB 스키마 자체가 개념 표현을 위한 것이 아니고 직관적이 않으며 새로운 관계를 추구하기 위해서는 스키마를 개조하거나 스크립트 파일을 프로그램에 도입해야 하기 때문이다. 그리고 이러한 부분에 일정한 규칙을 주거나 관련 DB 스키마 확장을 통한 메타데이터 구조로 바꿀 필요가 있다.

2) 의미적 통합 플랫폼

결국 넥스트 웹은 모든 의미적 기반 통합 플랫폼이 필요하고 모든 웹 정보를 결합시켜야 한다.

넥스트 웹은 이런 플랫폼 속에서 의미적 기반으로 통합 서비스가 되어야 한다. 이런 서비스를 온톨로지 서비스라고 한다. 이 서비스는 모든 플랫폼의 웹 데이터를 이해하고, 알아서 관련된 정보와 관계를 만들며 가능하게 되는 것이다. 이제는 인터넷 포털 형태의 웹 서비스 규모는 정체되면서 사업자 간 경쟁 관계 심화로 대형화가 심해져서 광고 매출에 의존하는 비즈니스는 한계에 노출되고 있다. 특히 지금은 웹의 새로운 개념인 시맨틱 웹에 대한 관심과 서버 기술의 발달로 클라우드 컴퓨팅의 기술이 대세를 이루고 있으며 그만큼 이제는 이러한 기술을 기반으로 하는 새로운 개념 웹 네트워킹과 웹 데이터 베이스를 운영하는 넥스트 웹 기술이 개발되어야 한다.

그리고 시맨틱 웹은 인공 지능형 지식 검색을 선도하는 기술로 많은 인터넷 패러다임의 변화가 필요하다. 인공 지능형 지식 검색 등이 발달하려면 관련 위주의 오프라인 전문 지식 집단이 전반적으로 온라인을 통해 융합되어야 하고 많은 기존의 인터넷 정보와 기술이 새로운 지식 산업 및 신기술과 융합하는 새로운 패러다임이 필요한 것이다.

그러므로 포화상태로 정체된 인터넷 시장을 인터넷 유비쿼터스 중심의 기술로 개발하여야 하는데 블로그와 UCC

를 대표하는 WEB 2.0은 기존의 특정한 인터넷 도메인에서
만 지식을 표현하거나 특정한 웹의 형식을 거쳐야만 정보를
입력하는 인터넷 기술의 한계를 극복하여야만 융합 솔루션
이 되는 것이다.

특히 정보 통신 신기술 개발을 통해 모든 인터넷 서버와
네임 서버, 도메인 서버의 속도와 용량이 증가하고 네트워크
의 속도가 증가하여 이제는 여러 개의 서버를 빠른 네트워
크로 연결하여 하나의 서버처럼 쓰는 클라우드 컴퓨팅 개념
이 나오고 있다. 이를 통한 많은 인터넷 정보를 공유하는 기
술이 늘어나면서 시맨틱 웹에 의한 인공 지능형 지식 산업
활성화가 점점 가능해지는 시점이 된 것이다. 저장 메모리
용량의 발전으로 모든 컴퓨터가 이제는 공유된 서버 성능
을 가지게 되었다. 인터넷을 통해 오프라인 온라인 인프라
를 통합하게 하는 스마트 에이전트가 필요하게 된 것이다.
그렇게 하여 각종 오프라인 서비스와 에이전트 생성과 발전
으로 기존의 인터넷의 한계 문제를 해결해야 한다.

3) 스마트 웹 에이전트

기존의 인터넷 에이전트는 옥션이나 커머스 시장에서 존

재하는 상품이나 서비스에 가장 큰 의미를 두고 인터넷을 통한 매출이나 미리 입점비를 받아 에이전트 커미션을 확보하는 방식으로만 가능하였다. 그런데 넥스트 웹을 통한 웹 에이전트 방식은 각각의 전문 비즈니스 정보나 각종 에이전트를 원하는 웹 사이트에 모든 정보를 담아 각각의 정보의 구분에 따라 에이전트가 따로 정보를 자동으로 수용하여 마케팅을 할 수 있다. 즉 기존의 온라인 에이전트가 기존의 정보를 모으는데 많은 시간을 들인 반면에 이런 넥스트 웹의 스마트 에이전트 기술에 의한 에이전트는 좀 더 쉽게 포괄적이고 전문적이며 광범위한 정보를 만들 수가 있게 되는 것이다. 그리고 이에 따른 정보 사용료를 받는 것보다 오프라인처럼 고객과의 관계와 정보를 통한 거래가 이루어지면 커미션을 받을 수 있는 체계가 가능한 것이다.

결국 스마트 에이전트는 기존의 오프라인처럼 얼마나 많은 고객을 확보하느냐에 따라 거래 단위나 매출 규모를 만들 수 있다. 그러므로 좀 더 많은 비즈니스가 활성화되고 각각의 에이전트끼리 합종 연횡을 할 수도 있어 거래 규모가 상상을 초월하는 규모로 온라인 비즈니스가 커질 수 있다.

또한 지역 오프라인 상점을 온라인화시켜 모든 정보가 정렬이 되고 모바일폰, IPTV, 유비쿼터스 단말기에 모두 보여짐으로 거래는 어디서든지 이루어지고 많은 사람들이 정보의 신속함으로 보다 많은 거래가 이루어질 것이다. 결국 모든 사업장의 매출 구조가 변할 것이다. 오프라인을 끌어들이는 수단을 이용하여 기존의 온라인 매출에 오프라인 매출이 더욱 증가하거나 기존의 오프라인 매출에 온라인 매출이 추가되어 거래량이 증가될 수 밖에 없는 구조로 변할 것이다.

위의 내용처럼 기존의 시맨틱 웹은 복잡한 XML, RDF 온톨로지 등으로 이루어지고 있다. 그러나 이것은 워낙 어렵고 무거운 구조로 되어 있어 많은 사람들이 코딩이나 프로그램을 이해하는 데에도 몇 개월이 걸릴 정도이다. 이러한 시맨틱 웹 프로젝트는 단위기업의 정보가 특수한 기업만 가능하기 때문에 진정한 유비쿼터스, 시맨틱 웹을 지향하는 웹이 되려면 몇십 년이 지나야 가능할 수 있다. 이에 반하여 넥스트 스마트 웹을 이용한 시맨틱 웹은 기존의 웹 HTML이나 PHP 등 프로그램의 기본 소스를 그대로 활용하여 시맨틱 웹을 이룰 수 있다.

이것뿐만 아니라 기존의 XML, RDF 등도 수용이 가능하여 웹 3.5, 웹 4.0 등의 기술로 혁명적인 인터넷 기반을 바꾸게 될 것이다. 빠른 시간에 기존 웹 리소스를 적은 노력을 들어서 시맨틱 웹을 이루는 것으로 앞으로 넥스트 스마트 웹을 쓰는 모든 업체, 관공서, 학교, 사업장, 온라인 등 모두다 시맨틱 웹을 쓰는 유비쿼터스 웹의 기초가 될 것이다. 유비쿼터스 웹은 결국 웹 에이전트가 언제 어디서나 접근이 가능하다는 말이다. 이처럼 자동으로 지능적으로 보여지는 웹이 스마트 웹 에이전트가 되는 것이다.

스마트 에이전트의 기능 중에 가장 주목할 것은 여러 의미적 구조의 웹을 연결하여 고객이 원하는 정보를 자동으로 보여 주는 기능이다. 그런데 이런 것은 지역적 정보와 이동성이 강하므로 모바일폰에 보여 줘야 한다. 고객이 원하는 스마트 검색엔진에서 보이는 것을 어떻게 모바일폰에 보여 줄 것인가. 이 관점에서 만든 폰이 스마트폰이다.

4) 스마트 웹을 향한 넥스트 웹의 제안

넥스트 웹은 인터넷 메타 데이터와 웹 정보의 데이터베이스화를 통한 시맨틱 웹 구현을 이루는 것으로 기존의 XML이나 RDF를 통한 구현보다도 좀 더 쉽게 기존의 웹을 이용하여 컴퓨터가 이해할 수 있도록 메타 데이터를 통해 인터넷 구조를 만드는 것이다. 웹 사이트를 연계하거나 복사하는 것이 아니고 웹 페이지 파일을 공유토록 설정함으로써 기존의 모든 웹 데이터를 활용할 수 있고 상호 정보를 공유 가능토록 함으로써 현재의 웹 정보로서도 시맨틱 웹이 지향하는 "정보조직화를 통한 의미 기반 에이전트 간 협업"의 기반 기술로의 역할이 가능할 것이다. 검색을 통한 의미의 창출보다 웹 정보의 DB화를 통한 정보조직화를 추구함으로써 검색 추론과 온톨로지 및 스키마를 발전시켜 시맨틱 웹을 구현하고자 하는 지금까지의 접근방법과는 기반부터 다르게 출발하는 것이다. 이것은 또한 1차원, 2차원 및 3차원 데이터 활용이 다른 어떤 방법보다 용이하고 실시성이 뛰어난 것이 장점이다.

넥스트 웹을 향한 스마트 웹의 기술이 다른 웹과 구별되는 요소는 여러 가지이다. 우선 첫 번째로 다른 웹 사이트와 차이는 각각의 웹 사이트들이 관계형으로 묶여지고 그룹형성을 다중으로 할 수 있다는 것이다. 마치 살아 있는 사람처럼 서로간에 관계를 통해서 커뮤니티를 만든다는 것이다. 이런 관계는 여러 가지 관계형이 있는데 굳이 구분하자면 객체 관계형, 네트워크 관계형, 단일 확장 관계형, 복합 관계형으로 나누어진다. 모든 웹 사이트의 관계를 정의하여 한 개의 웹 사이트가 멀티 관계를 맺게 하여 기존의 패러다임을 바꾸는 계기가 되며 마치 살아서 활동하는 것처럼 웹 사이트가 웹 에이전트 역할을 하게 되는 것이다. 두 번째로 이 기술을 이용하면 각각의 관계되는 사이트들에 보이는 것이, 관계되는 사이트의 형태로 바뀌어 보인다는 것이다. 이 것은 아주 중요한 것으로 기존의 획일적인 웹 사이트에 좀 더 다양한 각도로 콘텐츠를 생산하는 것이다.

또한 이것을 어떻게 배열할지도 정의해서, 관계가 이루어 지는 어떠한 것이라도 배열을 만들어 어떤 도메인을 받더라도 인터넷의 도메인 창에서 주소를 통해 이미 만들어진 배열과 매칭된 웹 사이트로 보인다는 것이다. 이것은 바로 고객이 원하는 비교·검색을 할 수 있는 시스템을 만들게 되는 것이다. 세 번째로 여러 개의 도메인에 의하여 노출된 정보들이 양방향으로 이루어지게 하여 원하는 형태로 다중으로 보여지게 할 수 있다. 이것들을 응용하여 수많은 프로그램에 적용이 가능이나 보안 기능에 적용함으로써 좀 더 다양한 서비스를 할 수 있다. 네 번째 이렇게 되면 결국 인터넷의 데이터는 보이는 것으로는 분산이지만 데이터가 궁극적으로 양방향의 데이터의 수정을 통하여 S/W의 융합성격을 가진다는 것이다. 모든 인터넷 프로그램의 프레임을 통하여 융합되고 합치는 기능이 있는 것이다. 다섯 번째 여러 이동

통신 단말기의 특성상 수많은 O/S가 존재하고 각각의 플랫폼에 따라 웹이 보이는 것이 다른 것이 이 넥스트 웹 기술 응용을 통해 해결이 가능해지는 것이다. 스마트한 웹은 스스로 변신을 할 수 있어야 한다.

6. Speed network(속도가 증가되는 네트워크)

1) 인터넷 산업의 확장

넥스트 웹은 속도를 빼놓고서는 이야기할 수 없다. UCC 의 인터넷 동영상은 속도를 좌우한다. 사물을 인식하는 사진으로 검색하는 것이 이제는 가능한 시대이다. 인터넷의 속도는 환경적인 산업 요소에서 강력한 확장 요소가 되는 것이다. 넥스트 웹에서 IPTV를 빼놓지 못 한다. 그만큼 이제 인터넷 속도는 인터넷을 통해 영화를 보거나 뉴스, TV 를 시청하는 형태로 발전하게 된 것이다. 이제 인터넷 장비는 속도를 증가시키는 데 중점을 두고 있지 않고, 전체 산업을 얼마나 확장시키느냐의 관점에서 개발되고 만들어지고 있다.

예전에는 인터넷의 속도가 늦어서 UCC 동영상인 유튜브(YouTube)가 출현할 때 인터넷 산업에 영향이 없을 것이라 생각했다. 그러나 지금은 속도가 빨라지면서 모든 업체가 인터넷 방송 장비를 구매하여 콘텐츠를 서비스할 수 있는 시대가 도래한 것이다. 이제는 방송 영역과 인터넷 영역의 구분이 없어지고 콘텐츠를 자유자재로 만들 수 있다.

그렇다면 넥스트 웹은 어떻게 도래할 것인가? 인터넷의 속도가 빨라져서 사진으로도 검색할 수 있고 동영상으로도 검색할 수 있는 것은 기본이며 모든 사물을 인식하는 지능형 웹 형태로 발전할 것이다. 속도의 발전은 미국 병원의 외과 수술을 많은 의과 대학생이 자신의 대학교에서 볼 수 있게 하고 대학교 수업은 기본적으로 국경이 없어지게 될 것이다. 사회 각 분야에서, 산업 각 분야에서 많은 영역의 파괴가 이루어질 것이다. 지금도 그 변화는 진행 중에 있고 기존의 산업을 앞선 것도 있다. 좀 더 구체적으로 보면 한국의 인터넷 쇼핑몰 매출이 백화점을 앞선지는 이미 오래 되었다.

이런 기존의 산업 영역이 파괴되는 것은 인터넷의 물리

적 속도가 빨라지면서 가능해진 것이다. 이것은 제3의 물결이 몰려오고 있는 것을 의미한다. 또 앞으로의 10년도 엄청난 변화가 찾아올 것이다. 인터넷의 속도가 가져오는 산업의 변화는 이제 시작에 불과한 것이다.

2) 차세대 인터넷 브라우져

고객들에게는 이런 멀티미디어의 확장을 추구하지만 기존의 웹 브라우저도 속도 측면에서 발전을 해야 한다. 지금까지 넥스트 웹의 근간이 되는 차세대 웹 브라우저의 개발은 각각 OS 업체나 단말기 업체, 검색 업체, 포털 업체 등에 의해 개발되었다. 이렇게 다양한 단말기로 인터넷을 보고 싶어하는 고객의 취향에 맞추어 발전되고 있다. 결국 속도를 강조하면서 발전을 하지만 속도는 빨라지지 않고 있다. 이것은 정작 콘텐츠를 만들고 소비하고 속도에서 소비하는 입장만을 내세워 정작 이 기종의 단말기에서 콘텐츠를 어떻게 빠르게 생성하고 소비할 수 있도록 하는 관점에서 속도를 보기 때문이다. 넥스트 웹이 가지는 스피드는 모바일 인터넷 고객들 각자의 이동 통신 환경에 맞게 콘텐츠를 생산, 소비하는 모바일 브라우저 이동 통신 단말기를 개발하여야 한다.

특히 이 브라우저들은 많은 기능을 추가하고 속도를 향상시키기 위해 개발되고 있지만 정작 유비쿼터스 단말기의 통합을 갖지 않고 각자의 기업의 기술과 콘텐츠만을 수용하여 다른 정보통신 단말기에 대해서는 수용성을 제공하지 못하는 것이 현실이다. 더군다나 기존의 웹 브라우저 환경은 현재의 기존의 웹 서버 구조만을 다루었다. 이것 때문에 웹 에디터로 웹 서버에 파일형태로 만든 것을 다시 브라우저에 보이는 것에 많은 시간을 허비하고 있다. 따라서 웹 브라우저가 현재의 웹 서버 구조만을 보이게 하는 기능만을 가지는 것은 많은 문제를 안게 한다.

차세대 넥스트 웹 브라우저는 미래에 관계형 웹을 선택하게 하여 관계를 원하는 모바일 유비쿼터스 웹의 형태도 브라우저에 보일 수 있게 만들어야 한다. 그렇게 되면 선택하는 관계형의 웹의 따라 웹 에디터의 기능이 제공되게 할 수 있는 웹 브라우저를 만들 수 있게 된다.

3) 청년실업의 해결 방안

이런 넥스트 웹의 속도 관점은 산업 측면에서 순환이 빠르게 일어나야 한다. 만약 넥스트 웹이 성공한다면 기존의 오프라인 비즈니스를 온라인화시키며 좀 더 많은 거래량을 일으키면서 많은 인력을 필요로 하게 된다. 자동화되어 산업화에 커다란 인력이 방출되는 공장 자동화처럼 되는 것이 아니라 오히려 인터넷 자동화에 의해 많은 신규 산업이 창출되고 많은 상품이 거래되고 좀 더 값싸고 품질 좋은 제품을 거래할 수 있게 하여 생산 순환이 빨라진다. 이렇게 되면 공장, 물류센터 등 빠른 납기를 맞추기 위해 보다 많은 사람을 고용하고 좀 더 많은 대량 생산 및 거래를 이룰 수가 있게 된다.

또한 새로운 에이전트의 생성으로 많은 직업이 생성되어 많은 고용창출이 된다. 고용속도가 증가되는 것이 고용창출이 활발해지는 것이다. 넥스트 웹이 발전하면 발전할수록 기존의 IT와 기존 산업의 융합으로 수많은 IT프로젝트가 생성 가능하여 좀 더 많은 인력을 필요로 한다. 그렇게 되면 기존의 청년실업으로 많은 문제가 되는 취업문제를 해결할 수 있다. 예를 들어 기존의 대학교에서 미취업 졸업생들을 위해 좀 더 재교육시킬 수 있는 넥스트 관계형 웹 IT교육센터를 만들어 각각의 모든 전문분야로 S/W 융합할 수도 있어서 다른 산업에 지대한 영향을 줄 수 있다. 또 물류시스템을 공공산업으로 하여 모든 물류회사와 창고, 차량 등을 멀티 넥스트 관계형 웹 시스템으로 개발하는 것을 공공 사업화하면 기존의 정보보다 신속하고 정확한 정보에 의해 물류 산업이 발전되고 그에 필요한 인력을 각각의 물류 회사들이 고용해야 하기 때문에 좀 더 많은 고용창출을 할 수 있다.

그러므로 IT 공공사업을 각 지역의 대학교 별로 할 수 있으며 모든 지역에 산업을 고르게 발전시키는 역할을 할 수 있다. 결국 공공이익과 고용창출 효과란 일석이조의 결과를 갖는 것이다. 기존의 댐이나 도로 등의 건설, 토목 등의 공공사업으로 사회적 이익을 받을 수 있도록 하는 것처럼 공공성의 넥스트 관계형 웹을 만들어 많은 사람들이 여기서 나오는 데이터를 통해 공공의 사회적 이익을 얻을 수 있도록 할 수 있다.

4) 정부기관 소통의 속도

넥스트 웹은 우선 여러 가지 공공 기관 정보를 보다 좀 더 빨리 한꺼번에 정리하여 공공 기관의 웹 사이트나 관련된 민간 웹 사이트에 동기적으로 보여 줌으로 의사 소통이 원활해지고 빨라질 수 있는 사회를 만들어 낼 수 있다.

정부와 공공기관은 많은 공지사항 및 정보를 민간인들에게 빠르게 공지할 책임이 있다. 그런 의미에서 인터넷을 활용한 공공정보의 생성은 많은 민간업체들과 제휴하여 정보를 좀 더 신속하게 전달할 수 있다. 그런데 이러한 신속한 작업을 할 때 정부에서는 기존의 포털이나 웹 사이트에서 공공기관에 접속하여 관련 공공정보를 만들기를 바란다. 또한 관련 공공기관에서 정보를 수집하여 필요한 인터넷 공공정보를 만드는 것은 많은 시간을 요한다. 이것을 가장 빠른 시간에 활용할 수 있는 것은 넥스트 웹 기술 밖에 없다. 각각의 웹 사이트에 등록된 정보를 미리 연결하고 공유되게 만들어 한 번에 모든 정보가 체계적으로 정리되어 빠른 인터넷 공공정보가 생성된다. 이것은 또한 각각의 사업장 웹 사이트와 넥스트 관계형 웹을 연결하여 신속하게 정보를 동기 방식으로 전달하게 한다.

여기에 인터넷(Voip) 전화를 연결하여 모든 정보를 확인하거나 알릴 때 좀 더 많은 정보를 전달하도록 하며 전화를 통한 상담이 이루어질 수 있다. 또한 모바일폰과 스마트폰의 성장으로 넥스트 관계형의 웹으로 하면 좀 더 많은 정보들을 동기적으로 전달할 수 있다. 그럼으로써 인터넷의 상업정보, 공공정보, 생활정보 등을 필요한 기관과 사업장 고객들에게 쉽게 전달할 수 있는 채널이 생기게 되는 것이다. 스마트폰을 이용한 모바일 뱅킹은 좀 더 많은 정보를 빠른 속도로 전달하는 도구가 된다.

7. Seamless Connectivity
(이음새 없는 연결)

1) 유비쿼터스의 구름

유비쿼터스 시대를 말하는 넥스트 웹은 대표적으로 만들어 가는 개념이다. 그런데 유비쿼터스 웹을 만들려면 연결성이 뛰어나야 한다. 이동성이 강하고 언제 어디서나 웹과 연동해야 한다. 그리고 또 한 가지 넥스트 웹은 미래의 단말기들을 모두 수용하여야 한다. 미래에는 천억 개 이상의 단말기를 수용하고 연결하여야 한다. 그런데 각각의 그룹과 통신망에 네트워크로 각각의 단말기가 인증되고 확인되어야 한다. 결국 이러한 주소를 가진 새로운 인터넷 체계가 필요한 것이다.

인터넷 정보 데이터의 형태는 인터넷 시장 및 기술로 비동기적에서 동기적으로 변화되어야 한다. 특정한 시간과 공간 데이터에서 시간과 공간을 초월한 이음새 없는 연결(Seamless Connectivity)로 발전되어야 한다. 영어로 "Seamless"는 원어적 뜻이 "이음새가 없다"는 뜻이다. 이음새가 없는 네트워크가 이음새 없는 연결이다. 전송을 위해 무엇인가 새로운 프로그램을 만들거나 중간에 어떤 과정이 필요한 것은 이음새가 있는 것이다.

많은 정보 통신의 업체가 오픈 정책을 쓰고 누구나 개발할 수 있는 것을 만들지만 이는 모두가 다 개발한 프로그램을 써야만 가능한 것이다. 기존의 WEB 2.0은 OPEN API(공개 인터넷 결합 애플리케이션)과 Meshing(그물망의 정보 수집)을 통해 수집되는 데이터가 대부분이어서 상당히 비동기적인 성격을 가지고 있었다. 예를 들어 RSS로 대표되는 OPEN API 서비스는 단순하게 신문이나 뉴스 정보를 보여 주는 비동기적인 데이터가 주류를 이루고 있다. 그리고 인터넷의 WEB 2.0으로 대표되는 UCC인 블로그 또한 일회성에 한하여 만들어지고 있는데 이것 또한 동기적이며 시간을 초월한 인터넷 데이터가 주류를 이루고 거기에 비동기적인 데이터가 추가되는 형태로 전환이 되어야 한다.

　그러기 위해서는 기업의 엑스트라넷(Extranet)이나 웹 사이트에서 나오는 기업 정보나 상점, 음식점 등의 운영 시스템에서 나오는 상품, 서비스 정보와 같은 연속적인 운영 데이터가 동기적인 정보 검색 시스템에 연결되어야 한다. 이러한 정보가 검색되려면 상점, 음식점 등은 POS(Point Of System)에서 검색 정보가 연결되어야 하며 기업은 ERP(Enterprise Resource Planning)나 기업 운영시스템과 웹 사이트에서 나오는 정보가 검색 시스템의 동기적인 부분으로 계속 유지, 관리되어야 한다. 지금까지는 또 하나의 WEB 2.0 개념인 롱테일(긴꼬리 같은 댓글 같은 평가 중심)과 매핑(지도 정보) 정보에 의해 시간과 공간적인 정보가 연결되는 것이 대부분이었다. 그러나 앞으로는 정보의 유동성 및 접근성 해결을 위하여 데이터가 동기적이어야 하며 시간과 공간을 초월하여 관계형 및 클러스터형의 웹 형태로 이루어져야 한다. 이러한 새로운 개념의 웹은 필수적으로 클라우드 컴퓨팅의 기반으로 하여야 한다. 구름 같은 시스템을 클라우드 컴퓨팅이라 한다. 이음새가 없으니 당연히 구름처럼 보이는 것이다.

　이러한 시스템 환경에서 클러스터 형태의 웹 기술로 만

들어지는데 클러스터라 함은 전문적인 주체들이 집단으로 지역이나 공통된 곳에 기반하여 모아진 것을 의미한다. 이런 것에 의해 웹 정보를 데이터 형태가 가지는 동기적이고 의미적인 링크를 통한 서로 다른 자원(Resource) 사이의 참조(Reference)를 통하여 만들어져야 한다. 이것을 통하여 모든 시간과 공간을 초월한 유비쿼터스 장비가 융합되는 새로운 개념의 웹 IT 플랫폼화가 가속되어야 하는 것이다.

점점 많은 고객으로부터 콘텐츠가 모이면서 UCC 등 Meshing(그물망의 정보 수집)을 통하여 올라온 정보들은 저작권에 문제가 많은 단점이 있다. 또한 개인 정보의 누출 등 보안 문제가 많은 것이 현재 인터넷의 문제가 된다. WEB 2.0의 시대에서 가장 민감한 것은 저작권 문제이다. 저작권은 많은 형태의 문제를 안고 있다. UCC를 표방하는 모든 인터넷 지식정보나 다른 모든 정보들이 지적 소유권을 요구해야 하거나 기존의 정보 콘텐츠 유통면에서 다루어져야 한다.

그리고 유비쿼터스 컴퓨팅의 발달로 점점 증가하는 무선 정보 단말기와 이동 통신 단말기(RFID)의 증가로 컴퓨터 주소 체계(IP Address)의 수요가 늘어날 것이다. 또한 이것을 개선하기 위해 IPv 6의 기술 구조로 바꾸면 IP 수가 많이 증가할 것이다. 그렇게 되면 많은 정보 단말기가 기존의 웹 정보 인프라 구조와 웹 인프라 서비스 구조로는 그 많은 IP에서 나오는 인터넷 정보 데이터를 제대로 구현하지 못할 것이다. 그래서 많은 종류의 정보 단말기 IP에서 나오는 같은 인터넷 데이터나 상호 연관된 정보를 가지고 있는 단말기 IP끼리 객체형으로 그룹화시키거나 인식하게 하는 기술 객체 인식 기술— OID(Object Identifier)이 필요하게 되는 것이다.

더욱이 컴퓨터 주소체계(IP)의 발달로 제일 늘어나는 기술은 IPTV이다. IPTV는 양방향성이 뛰어나고 모든 멀티미디어 수용이 가능하고 여러 가지 인터넷의 서비스도 가능한데 한 가지 문제점은 컴퓨터의 키보드처럼 문자 형태를 받기 위해서는 번거로운 입력, 즉 이동 통신 단말기 입력 형태의 리모컨으로 쓸 수밖에 없다는 것이다.

또한 이런 IPTV에 연동되는 인터넷 콘텐츠는 이음새 없는 연결로 연결되어야 한다. 이것은 한 번에 연결되어서 또 다른 프로그램에 의해 매듭이 만들어지지 말아야 한다.

2) 이동통신 단말기 콘텐츠의 이음새 없는 연결

인터넷의 발달은 이제 이동 정보 통신 정보 기술에 있어 많은 변화를 요구한다. 웹 사이트는 인터넷과 관련된 수많은 정보를 표시하여야 하는데 이동 통신 단말기의 특성상 작은 화면에 보여지고 적은 양의 통신 데이터를 수용하기 때문에 전 세계 표준인 WAP 프로토콜의 기준에 의해 변환하여 재 코드를 해야 하는 불편함을 가지고 있었다.

그러나 이것은 HTML을 WML로 전환하는 기술을 사용하여 이동 전화로 전송하거나 수신하는 데 발생하는 속도 문제를 해결하여 준다. 기존의 WAP은 기존의 무선 단말기와 각각의 이동 통신사 기지국 간의 무선 전파 환경에서 데이터를 효율적으로 전송할 수 있는 프로토콜로서 망이나 단말기의 종류에 관계없이 다양한 무선 이동 통신 프로토콜에서 동작이 가능하여야 한다. 또 WAP은 통신 프로토콜을 사용하고 있기 때문에 HTTP, TCP 등 기존 인터넷 표준 프로토콜인 HTML과 WAP 전용 프로토콜인 WML로 변환하기 위해 게이트웨이(서버)가 반드시 필요하다. 현재는 성능이 좋고 속도가 빠른 스마트폰 기능의 이동 통신 단말기가 나와 있고 WAP 2.0의 프로토콜이 나와 있어 이에 관련 WML2로 전환되어 재생산하는 단점을 보다 줄였지만 아직도 많은 이동 통신 단말기의 문제점이 많다. 예를 들어 모바일 익스플로러에서는 WAP 게이트웨이가 할 일을 무선 단말기 내의 브라우저가 처리한다. 단말기 내부적으로는 기존의 HTTP 방식과 호환이 되도록 하고 있으며, HTML을 축약한 m-HTML을 사용한다.

3) 넥스트 웹이 가지는 이음새 없는 연결

단 한 번의 수정으로 다른 모든 단말기와 S/W가 수정되고 적용되는 것이 이음새 없는 연결이다. 이렇게 하려면 넥스트 웹은 모든 검색 전문 영역, 지역 정보 등을 각 지역별로, 전문분야 별로 클러스터 인덱스를 만들고 각각의 인터넷 검색 정보나 도메인을 심볼, 아이콘(도형, 그림, 기호, 음성, 동영상, 아바타, 북 마크) 등으로 지역 전문 분야 클러스터형 링크를 만들어야 한다. 그리고 각각의 검색된 정보 패턴이나 만들어진 블로그, UCC 정보, 인터넷 쇼핑몰 정보, 공공기관의 지식 정보, 상점의 웹 사이트, 음식점 POS 정보, 기업의 ERP, 웹 사이트 정보, 지도 정보 같은 동기적인 인터넷 데이터를 위주로 하여 멀티 다차원 관계 데이터 베이스 형태의 구조로 저장을 시켜서 각 지역 및 전문분야 클러스터 인터넷 정보를 심볼, 아이콘 형태로 검색하게 한다.

따라서 넥스트 웹은 특정한 검색 웹 사이트가 필요 없

고 인터넷 도메인을 알 필요가 없다. 관련된 웹 사이트 인터넷 도메인에 특정한 검색 실행 단어가 들어가면 좀 더 자동으로 컴퓨터가 이해할 수 있는 지능형 검색이 되게 할 수 있다. 또한, 고객은 인터넷 심볼, 아이콘을 통한 차세대 검색 전문 영역인 관련된 유비쿼터스 컴퓨팅 기술을 사용할 수 있다. 정보 통신 단말기, IPTV, 인터넷 전화 VOIP, 이동 통신 단말기, 네비게이션 등의 ID, IP 기반 융합을 통해 지역 이름, GPS 정보, 음성 정보, 전화 정보, 도메인 정보 등의 다양한 그룹 형태로 인터넷 정보의 단어 질의가 들어오거나 관련된 검색어가 들어올 때 저장된 검색 결과가 심볼, 아이콘(도형, 기호, 그림, 도표, 아바타, 북마크) 등으로 검색 정보가 이미지화되어 보다 효과적으로 검색 정보를 활용하게 만드는 것이다.

이것은 또한 클러스터의 기본 개념인 지역 단위 협업과 전문 분야 단위 협업을 통해 인터넷 정보의 지역 전문 주체(고객, 기업, 상점, 정부, 학교, 지역 공공 기관, 오프라인 주체, 학생, 선생님, 전문가 집단, 개인, 커뮤니티 등)의 전문 인터넷 정보의 협업 기준에 의해 나누어 논리적 추론이 가능하고 기존의 양방향 데이터 수정으로 검증할 수 있게 한다.

그리고 원하는 정보 단말기나 또는 이동 통신 단말기도 심볼, 아이콘(기호, 도형, 그림) 등으로 보여지게 함으로써 좀 더 효과적으로 유비쿼터스 컴퓨팅 환경에 대응케 하며 인터넷 검색을 좀 더 쉽게 이해하고 이동 통신 단말기를 통해 원하는 심볼, 아이콘을 터치하여 빠른 시간 내에 간단하고 전문적인 검색 결과가 보여져 바로 볼 수 있게 하는 새로운 개념의 지능형 인터넷 검색 시스템을 제공하게 된다.

4) 스마트폰으로 보는 이음새 없는 연결

스마트폰은 인터넷 데이터 통신 확대로 인해 WEB 서핑 및 검색 환경이 조성되었다. 그리고 스마트폰은 대용량을 처리하는 CPU 조성 및 웹 페이지 슬림화를 통한 인터넷 검색을 가능하게 하였다. 이는 이동성이 강한 WIBRO와 WIFI를 쓰는 인터넷 프로그램이 스마트폰에서의 이음새 없는 연결을 가능하게 하였다.

하나의 예로 "Side loading"이라는 기능이 있다. 이것은 내 컴퓨터에 있는 음원 동영상과 같은 파일을 컴퓨터에서 휴대폰으로, 다시 휴대폰에서 휴대폰으로 메이블을 통해 전송시키는 기능이다. 어찌 보면 이음새 없는 연결을 스마트폰에 적용하려고 한 것이다.

이음새 없는 연결 기능에는 해당 고객이 사용하는 것을 단순하게 만든 것도 있다. 스마트폰은 소셜 네트워킹 서비스 활성화 추진을 위해 만든 기능이 있는데 이것은 유무선 전화번호에 무선 인터넷 키를 누르면 홈페이지 블로그 등을 이동 가능하게 만드는 것이다.

이렇게 하려면 플랫폼 규격을 공개하고 이동통신사업자로 하여금 이음새 없는 연결로 연동되게 하여야 외부 포털과 콘텐츠 공급자에게도 위젯(Widget) 등 플랫폼 기반의 서비스가 이루어지는 것이다.

그동안의 네트워크를 연결하는 솔루션은 많은 부침이 있었다. 이음새 없는 연결은 이것을 없애는 것이다. 그러나 애플스토어는 무선 인터넷 모바일 인터넷에서 성공한 것 중에 하나이다. 하지만 연결된 것이 거의 이음새 없는 연결이 아니었다. 이음새 없는 연결은 프로그램 플랫폼이 기반 조차도 없어야 한다. 성공하는 위치를 잡으려면 결국 넥스트 웹인 이음새 없는 연결로 시장을 포지션하는 것에 있다.

그것은 천양지차로 서로 차이를 만들고 시장을 선점하면서 각각의 이동통신사와 제조사는 많은 형태를 연결 고리를 만들어서 새로운 패러다임을 만들었다고 생각한다.

결국 사고의 자유에 사회적 자유가 맞았기 때문에 이러한 조류를 만들어 OPEN 형태로 간 것은 인정한다. 그러나 그 프로그램을 써야만 가능하다면 진정한 OPEN이 아니다. 왜냐하면 그것들을 유인책으로 만들었기 때문이다.

학습의 효과를 만드는 것이 필요한 새로운 단말기가 필요한 것이 되는 것이다. 이제는 기존의 패러다임을 서서히 줄여야 하는 세대 조류를 만들어야 한다.

과연 기업은 무엇을 원하여 하는가. 고객이 원하는 것은 결국 이음새 없는 연결인 것이다. 이것이 넥스트 웹이 가야 할 방향이 되는 것이다.

에필로그

지금까지 많은 인터넷 기술이 등장했다가 사라지고 있다. 그런데 사람들은 인터넷 기술을 다른 세상의 기술처럼 생각하고 있다. 인터넷 기술은 이웃에 있는 사람과 어떻게 하면 관계를 쉽고 편리하게 만드느냐에 있다. 또 친구와 이야기를 하고 다른 친구를 어떻게 간단하게 소개할 수 있는지 고민하는 것이 인터넷이다. 이렇듯 인터넷은 우리 생활 속에 있고 그 생활을 그대로 투영한다.

지금의 생활보다 다음 세대에 생활을 좀 더 윤택하게 지내게 하기 위해 우리는 열심히 일을 하고 있다. 새벽시장에서 배추를 실어 나르는 트럭 운전사도 어쩌면 자식을 위해 열심히 일하고 있는 것일지도 모른다. 부모님들은 모두다 자식을 위해 열심히 일하고 있다.

그런데 이런 것보다 좀 더 신경을 써야 되는 것이 있다. 그것은 인터넷이다. 넥스트 웹은 다음 세대를 위해 만든 인터넷이며 웹이다. 다음 세대는 인터넷을 빼놓고서는 이야기가 안 된다. 그런 인터넷을 우리 자식들이, 손자들이, 손녀들이 잘못 쓰고 있다면 그것은 불행한 일이다. 좀 더 나은 생활과 행복한 미래를 후세에게 물려 주려면 지금 일하는 것처럼 넥스트 웹을 열심히 잘 만들어야 한다.

넥스트 웹은 바로 이런 생활과 사회구조의 관점에서 다음 세대를 생각하는 관점으로 바라보아야 한다. 미래의 사회는 평등과 소통이 존재해야 한다. 세대 간의 갈등, 나라간의 갈등, 집단 간의 갈등 이런 모든 것들은 소통과 평등의 개념이 없어서 발생하는 것이다. 하나님께서는 이런 소통의 도구를 이미 우리에게 주셨다. 그런데 이런 소통의 도구를 독점화하고 더욱 갈등을 유발하는 형태로 역이용하고 있다. 그렇게 인터넷을 쓰면 안 된다.

평등한 넥스트 웹을 만들어야 한다. 누구의 독점도 아닌, 모든 사람들이 평등한 관계를 맺은 각자의 웹 에이전트들이 스스로 판단하여 지능형으로 연동이 되어서 만들어

가야 하는 것이다. 이는 결코 어려운 것이 아니다. 누구나 가지는 웹 사이트를 개인화시켜 에이전트로 만들고 이것을 스마트폰에 연동시키면 바로 넥스트 웹이 되는 것이다. 만약 개인이 원하면 포털이 될 수도 있고 검색엔진을 원하면 누구라도 자가의 웹 사이트에서 모든 정보의 웹 검색이 가능하게 되는 것이다.

평등은 실질적이다. 개념적이 아니며 추상적인 것이 아니다. 관계를 통해 평등을 실현하는 도구가 실현 가능하게 되는 것인데 그것을 통해 이루어 내는 것이 다차원 관계형 웹이 된다.

기계가 돌아가려면 윤활유가 필요하듯이 인간 사회의 관계 형태가 돌아가려면 윤활유 같은 존재가 필요하다. 그 존재가 넥스트 웹이 추구하는 다중 관계형 웹이다. 윤활유의 역할은 어려운 것이 아니다. 서로 간의 마찰을 줄이면 되는 것이다.

결국 독점은 이러한 중요한 윤활유 역할을 하지 못하게 한다. 이는 마찰을 오히려 조장하는 것이다. 평등한 웹, 바로 이것이 서로 간의 사회적 관계에서 평등하게 존재하기 때문에 마찰을 줄이게 된다. 윤활유를 쓰는 것은 단순히 마찰을 줄이려 하는 목적만 있는 것이 아니다. 기계가 오래가고 수명을 다하고 각각의 기능을 제대로 발휘할 수 있게 하려는 것이다.

단순히 마찰을 줄이려고 윤활유를 쓰는 것이 아니듯이 웹도 마찬가지로 평등만을 위해 만든 것이 아니라 소통과 공유 및 여러 가지 기능이 있다. 따라서 각각의 사회적 구성원 역할에 충실하게 만들 수 있는 기능이 필요하다.

이런 기능을 제대로 발휘하려면 필자가 제시한 7가지 (7S) 원칙을 준수하면 된다. 어려운 것은 없다. 따라가면 된다. WEB 3.0인 넥스트 웹의 길로 디지털 시대를 개척하면 되는 것이다.